Lucas

Serie «Conozca su Biblia»

Lucas

por Alvin Padilla

Augsburg Fortress

MINNEAPOLIS

SERIE CONOZCA SU BIBLIA: LUCAS

Todos los derechos reservados © 2007 Augsburg Fortress. Con excepción de una breve cita en artículos o análisis críticos, ninguna parte de este libro puede ser reproducida en ninguna manera sin antes obtener permiso por escrito del publicador o de quienes son dueños de los derechos de reproducción.
Este volumen es parte de un proyecto conjunto entre la casa editora, la División de Ministerios Congregacionales de la Iglesia Evangélica Luterana (ELCA) y la Asociación para la Educación Teológica Hispana (AETH), Justo L. González, Editor General.
Excepto cuando se indica lo contrario, el texto Bíblico ha sido tomado de la versión Reina-Valera 1995. Copyright © Sociedades Bíblicas en América Latina, 1995. Usado con permiso.

Diseño de la cubierta: Diana Running; Diseño de libro y portada: Element, llc

ISBN 978-0-8066-5337-2

El papel usado en esta publicación satisface los requisitos mínimos de la organización American National Standard for Information Sciences—Permanencia del Papel para Materiales Impresos, ANSI Z329.48-1984.

Producido en Estados Unidos de América.

SERIE CONOZCA SU BIBLIA: LUCAS

Copyright © 2007 Augsburg Fortress. All rights reserved. Except for brief quotations in critical articles or reviews, no part of this book may be reproduced in any manner without prior written permission from the publisher. Visit http://www.augsburgfortress.org/copyrights/contact.asp or write to Permissions, Augsburg Fortress, Box 1209, Minneapolis, MN 55440.
This volume developed in cooperation with the Division for Congregational Ministries of the Evangelical Lutheran Church in America, which provided a financial grant, and the Asociación para la Educación Teológica Hispana, Series Editor Justo L. González.
Except when otherwise indicated, scriptures quotation are taken from the Reina-Valera 1995 version. Copyright © Sociedades Bíblicas Unidas, 1995. Used by permission.

Cover design: Diana Running; Book design: Element, llc

The paper used in this publication meets the minimum requirements of American National Standard for Information Sciences—Permanence of Paper for Printed Library Materials, ANSI Z329.48-1984.

Manufactured in the U.S.A.

11   10   09   08   2   3   4   5   6   7   8   9   10

Esta serie

«¿Cómo podré entender, si alguien no me enseña?» (Hechos 8.31). Con estas palabras el etíope le expresa a Felipe una dificultad muy común entre los creyentes. Se nos dice que leamos la Biblia, que la estudiemos, que hagamos de su lectura un hábito diario. Pero se nos dice poco que pueda ayudarnos a leerla, a amarla, a comprenderla. El propósito de esta serie es responder a esa necesidad. No pretendemos decirles a nuestros lectores «lo que la Biblia dice», como si ya entonces no fuese necesario leer la Biblia misma para recibir su mensaje. Al contrario, lo que esperamos lograr es que la Biblia sea más leíble, más inteligible para el creyente típico, de modo que pueda leerla con mayor gusto, comprensión y fidelidad a su mensaje. Como el etíope, nuestro pueblo de habla hispana pide que se le enseñe, que se le explique, que se le invite a pensar y a creer. Y eso es precisamente lo que esta serie busca.

Por ello, nuestra primera advertencia, estimado lector o lectora, es que al leer esta serie tenga usted su Biblia a la mano, que la lea a la par de leer estos libros, para que su mensaje y su poder se le hagan manifiestos. No piense en modo alguno que estos libros substituyen o pretenden substituir al texto sagrado mismo. La meta no es que usted lea estos libros, sino que lea la Biblia con nueva y más profunda comprensión.

Por otra parte, la Biblia —como cualquier texto, situación o acontecimiento— se interpreta siempre dentro de un contexto. La Biblia responde a las preguntas que le hacemos, y esas preguntas dependen en buena medida de quiénes somos, cuáles son nuestras inquietudes, nuestra dificultades, nuestros sueños. Por ello estos libros escritos en nuestra lengua, por personas que se han formado en nuestra cultura y la conocen. Gracias a Dios, durante los últimos veinte años ha surgido dentro de nuestra comunidad latina todo un cuerpo de eruditos, estudiosos de la Biblia que no tiene nada que envidiarle a ninguna otra cultura o tradición. Tales son las personas a quienes hemos invitado a escribir para esta serie. Son personas con amplia experiencia pastoral y docente, que escriben para que se les entienda, y no para ofuscar. Son personas que a través de los años han ido descubriendo las dificultades en que algunos creyentes y estudiantes tropiezan al estudiar la Biblia —particularmente los creyentes y estudiantes latinos. Son personas que se han dedicado a buscar modos de superar esas dificultades y de facilitar el aprendizaje. Son personas que escriben, no para mostrar cuánto saben, sino para iluminar el texto sagrado y ayudarnos a todos a seguirlo.

Por tanto, este servidor, así como todos los colegas que colaboran en esta serie, le invitamos a que, junto a nosotros y desde la perspectiva latina que tenemos en común, se acerque usted a estos libros en oración, sabiendo que la oración de fe siempre recibirá respuesta.

Justo L. González
Editor General
Julio del 2005

Contenido

Introducción

El Evangelio de Lucas es único en el Nuevo Testamento por varias razones. En primer lugar, es el único evangelio que continúa con una secuela, Hechos. Mucho de lo que se dice en Hechos, particularmente en los discursos, explica cosas que ocurren en Lucas. Esto se nota en la narración de la ascensión de Jesús. En segundo lugar, Lucas es el evangelio más largo en cuanto al número de palabras. Por último, Lucas contiene una gran variedad de milagros, enseñanzas y parábolas, lo cual nos da un cuadro más detallado de Jesús. La mayoría del material en Lucas 9-19 aparece solo en este evangelio, y esa sección indica la esencia del evangelio según Lucas.

El evangelio de Lucas es una explicación del plan de Dios, y de cómo Jesús cumplió ese plan a pesar de ser rechazado por muchos en Israel. Señala cómo Jesús mostró su relación con Dios, cuál es su conexión con las promesas del Antiguo Testamento, cómo llegó a la cruz, y cómo aun así echó los cimientos para una nueva comunidad donde la promesa de Dios se declara y se mantiene viva. Aunque la nueva comunidad no recibe poder sino en Hechos 2, su comisión y su carácter ético se revelan en la enseñanza de Jesús en el evangelio. El evangelio explica también cómo los discípulos han de vivir en un mundo que rechaza a Jesús. Como continuación de Lucas, Hechos muestra cómo el plan de Dios siguió en marcha en la iglesia primitiva aunque Jesús estaba "ausente".

Para Lucas, Jesús es el Mesías prometido (Lc 1.31-35), el profeta de Dios que ha de venido (Lc 9.35), el siervo a través de quien Dios obra (Lc 4.16-18), y el Señor llamado a sentarse a la diestra de Dios ejerciendo su

1

autoridad y dispersando su Espíritu a quienes creen (Lc 22.69; Hch 2.30-36). Aunque algunos aspectos del plan de Dios se cumplen en la primera venida de Jesús, otros se harán realidad a su retorno (Lc 17.20-37; 21.5-36; Hch 3.14-26). La gracia de Dios revelada en Jesús le mostrará al gentil Teófilo que puede confiar que Dios está obrando en la comunidad de fe que Jesús fundó —aunque las raíces de la promesa se remontan hasta Israel (Lc 1.1-4). Por tanto, el evangelio se ocupa de la relación de Jesús con la nación y los líderes de Israel. Su rechazo no señala el fracaso del plan divino, sino que lo apoya y cumple (Hch 2.22-39).

Es probable que Teófilo sea un nuevo creyente (Lc 1:4) y que sea gentil, ya que mucho del material en Lucas-Hechos se trata de la inclusión de los gentiles en la comunidad de fe. Puede ser uno de los «piadosos» —gentiles familiarizados con el judaímo. Teófilo y muchos como él quizás necesitaban tener la seguridad de que como gentiles pertenecían también a este movimiento que originalmente era judío, particularmente debido a que tantos judíos rechazaban el evangelio.

Estructura y Perspectiva general

El libro abarca cinco secciones que contienen una variedad de milagros, enseñanzas, parábolas y controversias de Jesús con los líderes judíos. Las cinco secciones son:
1. Introducción a Juan el Bautista y a Jesús (1.1-2.52)
2. Preparación para el ministerio (3.1-4.13)
3. Ministerio en Galilea (4.14-9.50)
4. Camino hacia Jerusalén: el discipulado cristiano (9.51-19.44)
5. Jerusalén: el Justo de Dios crucificado y resucitado (19.45-24.53)

Lucas introduce y describe el ministerio de Jesús en los capítulos 1-9. La importancia del Antiguo Testamento y sus promesas se ve en Lucas 1-2, mientras que 3.1-4.13 muestra que Jesús es el ungido de Dios y tiene potestad para resistir a Satanás. Lucas 4.14-9.5 introduce el poder y las enseñanzas de Jesús, quien reclama autoridad única y hace obras milagrosas que muestran que Dios está con él. El primer rechazo de Jesús ocurre en esta sección, así como el inicio de la fe entre sus discípulos.

Después de esto, la estructura procede en una perspectiva geográfica, de modo que el viaje de Jesús para enfrentarse a su destino en Jerusalén ocupa el centro del escenario (9.51-19.45). Aquí vemos la interacción de

Jesús con los líderes judíos y las multitudes frente a su rechazo creciente. Este énfasis es particularmente evidente en los capítulos 9-13. En 14-19 la instrucción de los requisitos del discipulado es preeminente.

La parte final del evangelio, 19.46-24.53, presenta las controversias finales, juicios, muerte y resurrección de Jesús. Nuevamente el Antiguo Testamento juega un papel importantísimo en esta sección final. Jesús se presenta como el inocente que es crucificado y reivindicado por Dios. Aun algunos que ven su muerte testifican de esta verdad (23.4, 14, 22, 41, 47). El libro concluye con Jesús instruyendo a sus discípulos que esperen la venida del Espíritu mientras les enseña que todo lo que ha ocurrido fue prometido en la Ley, los Profetas y los Salmos (Lc 24.43-49).

Paternidad literaria

El nombre del autor de Lucas-Hechos no aparece en ninguno de los dos tomos, así que ha de deducirse de otros modos, combinando información de los dos tomos con otra que procede de la tradición en la iglesia primitiva. El autor sugiere que él mismo no es testigo ocular de lo que cuenta en el evangelio, ya que ha coleccionado los informes de otros (Lc 1.1-4). Por otro lado, sí estuvo presente con Pablo durante algunos eventos descritos en Hechos (16.10-17; 20.5-15; 21.1-18; 27.1-28.16). Algunos eruditos han negado que estas secciones prueben la presencia del autor con Pablo y han argumentado que son resultado del estilo literario. Empero, tal interpretación de estos pasajes no es la más obvia y no hay pruebas para ella. Luego, el libro de los Hechos nos informa que el autor de Lucas-Hechos es un creyente de la segunda generación quien conocía al Apóstol Pablo y viajó con él en algunas ocasiones.

La tradición antigua afirma unánimemente que el autor es un tal llamado Lucas, aunque la lista de quienes viajaron con Pablo incluye a personas tales como Marcos, Aristarco, Demas, Timoteo, Tito, Silas, Epafras y Bernabé. Aparentemente hay una alusión a Lucas 10.7 en 1 Timoteo 5.18. Adicionalmente hay alusiones en otros escritos antiguos (*1 Clemente* 13:2, 48.1; y *2 Clemente* 13.4). Pero ninguna de estas citas dice que es el autor del evangelio. Justino Mártir (c. 160) menciona las «memorias de Jesús» escritas por Lucas y dice que fue compañero de Pablo (*Diálogo* 103.19). El *Canon muratoriano* (c. 170-180) le atribuye el evangelio a Lucas, un médico y compañero de Pablo. Colosenses 4.14 menciona también un compañero de Pablo cuyo nombre es Lucas y quien es médico. Ireneo (175-195) afirma en *Contra Herejías* 3.1 y 3.14 que Lucas es el autor y que fue seguidor de Pablo, y menciona la evidencia de los pasajes citados arriba. El llamado «Canon antimarcionita» (175) describe a Lucas como nativo de Antioquía en Siria. Esta obra añade que vivió hasta los 84 años, era médico, soltero, escribió en Acaya y murió en Boecia. Tertuliano (a principios del siglo tercero) clasifica el Evangelio de Lucas como un compendio del evangelio predicado por Pablo (*Contra Marción* 4.2,2 y 4.5,3). Que el autor es un hombre educado se deduce de su estilo en griego.

Propósito, lectores y destinatarios

Se debate si Teófilo era ya cristiano o estaba a punto de serlo. Por ello —y por otras razones— diversos autores han sugerido varios posibles propósitos para la obra de Lucas. Entre ellos se pueden mencionar: explicar el retraso de la parusía (el retorno de Jesús); defender el cristianismo; servir de defensa de Pablo ante las autoridades romanas; servir de defensa de Pablo ante la comunidad cristiana; refutar a los gnósticos; evangelizar; confirmar la palabra y el mensaje de salvación; mostrar la fidelidad de Dios a Israel (es decir, ofrecer una teodicea); ofrecer legitimación sociológica para la aceptación total de los gentiles en la comunidad de fe; reconciliarse con el judaísmo mostrando que la oferta de salvación en Cristo Jesús es una extensión natural del judaísmo, y rechazar totalmente a los judíos, con intenciones anti-semíticas.

Estas numerosas opciones demuestran lo difícil que es discernir el propósito de Lucas aun cuando él mismo nos dice algo al respecto en el prólogo.

Bosquejo

Prefacio 1.1-4
1. Anuncio y cumplimiento 1.5-2.52
2. Preparación para el ministerio 3.1-4.13
3. Ministerio en Galilea: Jesús se revela 4.14-9.50
4. Camino hacia Jerusalén: lecciones sobre el discipulado 9.51-19.44
5. Ministerio en Jerusalén: el Justo es crucificado y resucitado 19.45-24.53

Anuncio y cumplimiento (1.1-2.52)

Capítulo 1

Prólogo (1.1-4)

El prólogo refleja las prácticas literarias del mundo grecorromano. Se exigía que en el prólogo el autor mencionara y evaluara la obra de sus precursores, hiciera hincapié sobre la calidad de su información y presentara el plan de su obra. Según Quintiliano, el prólogo invita al lector a compartir la historia y le prepara para ello.

El prólogo de Lucas, que en el texto griego consiste en una sola oración en griego, señala la conexión de Lucas con el pasado y subraya su propósito. El autor indica su familiaridad con otras obras que han servido a la comunidad cristiana hasta entonces, pero afirma la necesidad de una narración que, basándose en cuidadosa investigación, ponga las cosas en orden.

Frecuentemente en la antigüedad el prólogo contenía una dedicatoria a la persona que patrocinaba la obra. En nuestro caso, la obra va dedicada a un tal Teófilo, desconocido aparte de lo que aquí se dice. Careciendo de detalles biográficos, muchos opinan que el nombre es ficticio; paradigmático de todo discípulo que ama a Dios, pues tal es la derivación del nombre en griego. El relato que sigue resultará en la instrucción del patrón de la obra, Teófilo.

Bosquejo de la sección: Anuncio y cumplimiento (1.5-2.52)

A. Anuncio a Zacarías 1.5-25
B. Anuncio a María 1.26-38
C. Encuentro de María y Elizabet 1.39-45
D. La canción de María: El *Magnificat* 1.46-56
E. Nacimiento de Juan 1.57-66
F. La canción de Zacarías: El *Benedictus* 1.67-80
G. Nacimiento de Jesús 2.1-21
H. Presentación en el Templo 2.22-40
I. Jesús visita a Jerusalén en la Pascua 2.41-52

Entre los evangelios canónicos, solamente Mateo y Lucas se refieren a la concepción, el nacimiento y la infancia del Mesías. Aparentemente, estos escritos fueron compuestos independientemente el uno del otro y, aunque los relatos no concuerdan, no parecen contradictorios. Estos textos muestran que en Jesús las promesas del Antiguo Testamento tienen su cumplimiento (Mt 1, Lc 1.5-2.52). Mateo logra esto directamente con su uso de la «formula de cita» (Mt 1.22-23; 2.15), mas Lucas lo insinúa con alusiones veladas y usando un estilo semitista que trae a la memoria las historias del Antiguo Testamento. Además, Lucas ofrece una sutil organización de la estructura, que presenta un paralelo entre el origen de Juan y el de Jesús. Ambos son anunciados por el ángel Gabriel y vienen como gran sorpresa para todos, incluso sus padres. Son circuncidados al octavo día, pero sus nombres son dados por el ángel. El nacimiento de cada uno se interpreta a través de un cántico que recuerda la canción de Ana al celebrar el nacimiento de Samuel (1 Sam 2).

Entrelazado en estos relatos paralelos, el lector nota la manera sutil en que Lucas sugiere la superioridad de Jesús sobre Juan. Zacarías, asombrado por la presencia del ángel, pregunta sobre la imposibilidad de lo anunciado, pues él y Elizabet ya son ancianos. La pregunta es recompensada con unos nueve meses de silencio; Zacarías no hablará ni oirá palabras (nótese como al presentar al niño los concurrentes tienen que hablarle a Zacarías por medio de señales). María, igualmente sorprendida por la aparición angelical, pregunta sobre la imposibilidad de lo oído, pues es virgen. Su pregunta es debidamente contestada. El nacimiento de Juan es un milagro ya común en el Antiguo Testamento:

una piadosa pareja sufre el oprobio de no tener hijos. Milagrosamente Dios abre la matriz y la mujer concibe en su vejez. El niño (en los relatos del Antiguo Testamento siempre son varones) crece y llega a ser de suma importancia en la historia del pueblo de Dios. En el caso de María encontramos a una jovencita que nunca ha tenido relaciones sexuales. El embarazo es un milagro mayor, pues el Espíritu Santo cubre a María y resulta la concepción de Jesús. Cuando María visita a Elisabet, el niño en el vientre de Elisabet se regocija al presenciar que está ante su Señor. Finalmente el nacimiento de Juan es atestiguado por la comunidad vecina y por la canción de Zacarías, mientras que en el nacimiento de Jesús toda la humanidad es invitada a celebrar y a regocijarse según las palabras de los ángeles. Los dos caracteres son importantísimos para la historia de la nueva comunidad de fe, pero Jesús es mucho más importante. En él culminará la historia de la redención.

A. Anuncio a Zacarías (1.5-25)

Usando patrones judíos, Lucas nos presenta una pareja de la tribu sacerdotal, sin tacha en su observancia de la Ley de Moisés. La alusión a Abraham y Sara es clara; como ellos, Zacarías y Elisabet no tienen hijos. La esterilidad y la avanzada edad de Elisabet sirven para aumentar la tensión que la escena presenta.

En su oficio sacerdotal Zacarías servía en el Templo dos términos de una semana cada año. Según el historiador judío Josefo, existían entonces veinticuatro divisiones sacerdotales. Debido al gran número de sacerdotes, no todos los calificados tenían la oportunidad de ofrecer el sacrificio, o el incienso, en el lugar santísimo. El honor cae sobre Zacarías ese día, y entra mientras el pueblo permanece afuera, en oración. De repente Zacarías se encuentra con un ángel que se presenta a la derecha del altar de incienso.

La aparición celestial en el lugar santísimo llena de temor al anciano sacerdote. Las palabras del ángel calman la ansiedad de Zacarías y revelan el propósito de su venida. Dios ha oído la oración de Zacarías. ¿Qué oración ha sido oída? ¿La de Elisabet y Zacarías, quienes seguramente habrían orado por años por un vástago? En tal caso la respuesta es el nacimiento de Juan. Pero la oración contestada también puede referirse al pueblo, que oraba mientras Zacarías ofrecía el incienso. De ser así, la respuesta a la oración es la totalidad de la obra redentora, desde los nacimientos narrados en los capítulos 1-2 hasta la ascensión de Jesús.

De importancia para la lectura de Lucas, hay que tomar en cuenta esta primera referencia a la oración en este evangelio. La oración juega un papel importantísimo en la teología de Lucas y es uno de los muchos temas que unen el tercer evangelio con el libro de los Hechos.

El ángel anuncia el gozo y la alegría que llenarían a Zacarías, a Elisabet y a muchos más a causa del nacimiento de Juan. El niño será grande delante de Dios de acuerdo a las palabras del ángel. La naturaleza de esa grandeza puede notarse más adelante en el evangelio.

Juan será nazareno (Nu 6.1-2), pues no beberá vino. Desde el vientre de su madre será lleno del Espíritu Santo. El resultado de esta vida dedicada al servicio del Señor y favorecida por la presencia de su Santo Poder es que muchos de los Hijos de Israel se convertirán al Señor.

La conversión de los "Hijos de Israel" al Señor sugiere que Dios está comenzando algo nuevo, que está reconstituyendo a quienes son partícipes de la nueva comunidad de fe inaugurada por Jesús. Solamente quienes hagan alianza con Jesús serán parte del nuevo Israel de Dios, pues Dios puede levantar descendencia a Abraham de las mismas piedras.

Zacarías demanda una señal antes de aceptar la increíble palabra que acaba de oír. El ángel responde revelando su nombre. Es Gabriel (uno de los tres ángeles mencionados por nombre en el Antiguo Testamento), quien tiene acceso ante la presencia de Dios. La frase señala que el ángel es siervo de Dios y habla por Dios.

El pueblo que ora afuera se preocupa por Zacarías, quien aparentemente demoraba más de lo que normalmente se esperaba de los sacerdotes en este oficio. Por fin sale, y notan que no puede hablar. Aceptando que Zacarías ha tenido una visión, los participantes cumplen con sus deberes en el culto y parten a sus hogares.

El cumplimiento inicial de la promesa a Zacarías ocurre al concebir Elisabet. Esta reacciona recluyéndose por cinco meses. Lucas ve en esto un tiempo dedicado a elogiar el nombre del Señor porque «se dignó quitar» la afrenta de Elisabet.

B. Anuncio a María (1.26-38)

Hay un cambio de escena, tiempo y circunstancias en el relato que sigue. Seis meses después, en las regiones norteñas del país, el mismo ángel es enviado por Dios a otra pareja de judíos justos. Pero en vez de una pareja ya anciana y sin hijos, encontramos ahora a una virgen llamada María desposada con un hombre llamado José. Lucas subraya el contraste entre las dos escenas. Gabriel se le aparece a Zacarías mientras éste se encuentra en el servicio del Señor, dentro del lugar santísimo, con el pueblo presente, aunque separado del sacerdote. Ahora el ángel visita a una mujer en la privacidad de su casa, aparentemente sin nadie más presente.

Lucas ofrece dos datos sobre la joven. Primeramente, era virgen (griego *parthenos*). Por ello en 1.34 María reclama su virginidad como contradicción a las palabras del ángel. Además, la joven judía estaba desposada con José. Este compromiso constituía un acto jurídico importante. Desde este desposorio el hombre adquiría el derecho de propiedad de la joven. Durante el período que la separa del matrimonio, sea por razones de edad, preparativos, etc., la novia sigue sometida a la autoridad de sus padres, pero jurídicamente está casada. Ese es el estado en el cual encontramos a la joven en la historia. Lucas añade que José era de la familia de David, detalle que será de importancia en el capítulo siguiente. El papel de José en el evangelio de Lucas es insignificante, mencionado en estos relatos y en 3.23, pero con José Lucas establece el linaje davídico de Jesús.

Aunque el ángel saluda a María en forma típica del mundo grecorromano, el saludo tiene el sentido de regocijo, y es una invitación a María a regocijarse por las buenas nuevas que va a recibir. La segunda frase dirigida a la joven declara que ella es objeto de la gracia y el favor divino, pues es muy favorecida. El tiempo verbal traducido como «muy favorecida» (*kecharitômene*) da a entender que María ha sido escogida desde mucho tiempo atrás. Ella ya ha sido objeto de la gracia divina en toda su vida, incluso en los eventos por venir. Sigue el ángel su inesperado saludo con otras palabras que, en un paralelismo típico de la poesía bíblica, reitera lo ya declarado aunque aclara su significado. «El Señor es contigo» explica un poco más por qué ella es favorecida. Pero la frase no es meramente una repetición del saludo, ya que su uso en el Antiguo

Testamento indica que la persona indicada ha sido escogida por Dios para un oficio especial en la historia de la salvación.

La salutación del ángel y sus palabras afirmando la elección de la joven para participar en los planes de Dios con la humanidad, la hacen meditar cuidadosamente. El término griego *dielogizeto* (traducido aquí «pensaba») implica una intensa y prolongada reflexión que continúa hasta que ella declara que es la sierva del Señor, sometiéndose así a la voluntad de Dios (v. 38).

El ángel le asegura a la joven que no tiene nada que temer, pues ha hallado gracia delante de Dios. En el caso de Zacarías y Elisabet se declara directamente que eran justos y que andaban irreprensibles en todos los mandamientos del Señor. Aquí se expresa el mismo pensamiento, añadiendo que Dios ve con favor a la joven. La opinión y el juicio de los seres humanos atestiguan la piedad de Zacarías y Elisabet. Pero la afirmación que Dios ha derramado su gracia sobre María nos prepara para ver que María será bendita entre todas las mujeres. No debemos perder de vista esta enseñanza, aun en el pueblo protestante. Sin equivocación alguna, el texto bíblico establece que lo que María va a hacer será de importancia casi sin paralelo en los planes divinos. La excepción, claro está, será el Hijo de María.

El ángel declara que María va a concebir y dará a luz a un hijo a quien se atribuyen unos rasgos que normalmente muestran la presencia redentora de Dios en medio de su pueblo. Nada menos que la restauración del reino davídico se está anunciando, pero en su culminación y finalidad. El reino de Jesús será eterno (véase 2 Sam 7.11-16).

¿Entendía María claramente el significado de las palabras que acaba de oír? ¿Sabía ella alguna concepción de que «el Santo Ser» en su vientre, «el Hijo de Dios», era en realidad la segunda persona de la Trinidad? Primero, tengamos en mente que no es la intención de Lucas presentar aquí una teología trinitaria. El evangelista simplemente está preservando para la posteridad los eventos que resultarán en el nacimiento del Mesías y el comienzo del nuevo pueblo de Dios. Eventualmente los primeros creyentes en Jesús se dieron cuenta de quién en realidad estaba en medio de ellos y quién efectuó la salvación de la humanidad. Sin embargo, en este instante, María tiene en su enfoque las expectativas mesiánicas vigentes en su día. Segundo, como buena judía sería casí imposible para María pensar en tales términos, ya que la idea de dioses nacidos de seres humanos no jugaba papel alguno en la cultura judía. Vemos ejemplo de esto en la ideología de la monarquía en el Israel antiguo. En los pueblos paganos los reyes pretendían ser hijos del dios patrón. Siendo esa opción foránea al pensamiento hebreo, vemos que el rey es declarado hijo de Dios, pero solamente por adopción (por ejemplo, en el Salmo 2 y varios de los otros salmos reales). Por último, las profecías mesiánicas no expresan explícitamente la idea que el Mesías prometido será una persona divino-humana. Los autores del Nuevo Testamento cuidadosamente aplican estos textos mesiánicos a Jesús y afirman la certeza de la naturaleza divina del Salvador.

Los versículos que siguen enfatizan que todo lo que va a ocurrir es obra de Dios. La pregunta de María (v. 34) afirma nuevamente su virginidad y presenta un obstáculo obvio: ella todavía no ha conocido varón. La respuesta del ángel explica cómo esto ocurrirá y le da una señal (que Elisabet, la previamente estéril, está en el sexto mes de embarazo) y una palabra final de seguridad, «pues nada hay imposible para Dios».

¿Cómo es que la pregunta de María recibe explicación y una señal, y la de Zacarías en una situación semejante recibe represión? Primero, notemos que la pregunta de Zacarías es motivada por incredulidad («por cuanto no creíste mis palabras») mientras la de María por la fe («bienaventurada la que creyó»). Segundo, Zacarías requiere una señal para creer («¿En qué conoceré esto?»), mientras María pide una explicación («¿Cómo será esto?, pues no conozco varón»). Es interesante e importante notar como José no se toma en consideración. Aun en la pregunta de María, «¿Cómo será esto? », vemos que ella da por sentado que José no va a jugar un papel en esta concepción. Lucas declara lo mismo al decirnos tras la escena de la visita angelical: «levantándose María, fue de prisa a la montaña, a una ciudad de Judá». No cabe duda que Lucas quiere asegurarse de que el lector sepa que José no es el padre de Jesús. Contrasta esta acción de María al concluir su conversación con el ángel con la de Zacarías, quien al terminar su servicio en el Templo «se fue a su casa y después de aquellos días concibió su mujer Elisabet».

La explicación del ángel a la pregunta de María toma la forma del paralelismo hebreo, en que las primeras dos líneas son paralelas y preparan al lector para la tercera:
el Espíritu Santo vendrá sobre ti
y el poder del Altísimo te cubrirá con su sombra

por lo cual también el Santo Ser que va a nacer será llamado . . . Hijo de Dios.

No hay sugerencia alguna de relación sexual, sino que se enfatiza la agencia divina. Todo es obra de Dios.

La explicación de Gabriel tiene repercusiones cristológicas. En el versículo 32, el ángel declara que el niño «será llamado Hijo del Altísimo». El versículo 35 lo reafirma: «será llamado Hijo de Dios». Los reyes de Israel en el día de su coronación eran designados «hijos de Dios». Aquí vemos que Jesús es Hijo de Dios desde su concepción. Una vez más, Lucas afirma claramente la supremacía de Jesús sobre Juan.

María responde aceptando su papel de sierva de Dios, demostrando así gran fe en Dios, quien la usará para su gloria.

C. Encuentro de María y Elisabet (1.39-45)

Este pasaje sirve para entrelazar las dos historias que hasta ahora han seguido trayectorias paralelas. Así las dos historias convergen por una temporada de tres meses, para entonces separarse hasta que los ministerios de los hijos converjan tres décadas después. Lucas indica que María emprende con prisa el viaje desde Nazaret, al norte de Jerusalén, hasta la casa de Elisabet al sur, unos 150-180 kilómetros, pero para entonces una jornada de varios días. El evangelista no da insinuación alguna de por qué el viaje es de tanta urgencia para María. La necesidad de verificar la señal ofrecida por el ángel es la mejor explicación.

Al oír la voz de María el niño en el vientre de Elisabet salta, y el resultado es que Elisabet es llena del Espíritu Santo. Juan ya desde el vientre de su madre reconoce que uno mayor que él está en su presencia. Uno de los temas centrales en Lucas-Hechos es la democratización del Espíritu Santo para todos los creyentes. En el Antiguo Tesamento, el Espíritu venía esporádicamente sobre los pocos electos para una obra especial en el plan divino (reyes, profetas, sacerdotes, etc.). Moisés en Números 11.29 declara su deseo que todo el pueblo tenga acceso al Espíritu. Este deseo se cumplirá en el día de Pentecostés (Hechos 2). Más adelante veremos cómo el Espíritu se manifiesta el día en que Jesús fue circuncidado y después en su bautismo.

Elisabet declara entonces que María es la más bendita de todas las mujeres. Reflejando otro hebraísmo, el texto añade que el niño en el vientre de María es igualmente bendito. En el Antiguo Testamento un vientre fructífero era considerado una gran bendición. Aquí aquella que era estéril por tantos años declara que el fruto del vientre de la joven es sumamente bendito.

La expresión «la madre de mi Señor» ha causado mucha discusión. Algunos opinan que Lucas alude a través de Elisabet a la naturaleza divina de Jesús. Pero creemos que es muy temprano en la historia para pensar que los participantes tengan tan alto concepto acerca de la persona de Jesús. Es mejor entender aquí el término «Señor» en su uso normal para dirigirse a un dignatario u otra persona importante. Elisabet simplemente declara que el niño que está en el vientre de María es mayor que el niño en su propio vientre. Implícitamente Lucas afirma a través de los labios de Elisabet que lo nuevo y diferente que el Señor va a hacer a través de María (la virgen que concebirá) es mayor a lo que ha hecho ya varias veces en la historia bíblica (la pareja anciana es bendecida con un hijo). El niño en el vientre de Elisabet atestigua las palabras de su madre: es movido por el Espíritu Santo y salta de alegría. Finalmente Elisabet declara que María es bienaventurada porque creyó lo que Dios le dijo.

D. La canción de María: El *Magnificat* (1.46-56)

Las palabras de Elisabet inspiran en María una respuesta en cántico, cuyo nombre tradicional, *Magnificat*, se deriva de su primera palabra en la tradución latina. Muchos cuestionan la historicidad de la canción, pues varios de los temas teológicos favoritos de Lucas aparecen brevemente en la canción. Raymond Brown opina que el himno es de origen judeocristiano y que Lucas lo adapta para su uso en la historia de María. Su principal argumento se basa en la forma en que algunos elementos en la canción reflejan la condición de los *Anawin* (los pobres y despreciados de la antigüedad, quienes ante la oposición de muchos permanecen fieles al Señor). Brown sugiere que las particularidades de la canción sirven también a la tradición de los *Anawim*. Sin embargo, no es necesario rechazar el origen de la canción en María simplemente por la afinidad que tiene con comunidades posteriores. El cántico se ajusta muy bien la situación en que Lucas lo coloca, ya que María, residente de una de las regiones más pobres y más oprimidas de sus días, seguramente ha experimentado en su propia vida el dolor de la opresión y la dependencia total que el pobre expresa a su Dios. Además, ¿por qué podemos pensar que un grupo posterior sea capaz de construir tan bella canción y no podemos imaginar que una pobre mujer embarazada y rechazada sea capaz de componerla? En la tradición bíblica los profetas inspirados por el Espíritu del Señor componen bellísimas y poderosas canciones, en algunos casos, al instante. No podemos echar a un lado la inspiración del Espíritu que domina la escena entre María y Elisabet. El himno está repleto de temas teológicos. Dios obra misericordiosamente con quienes le temen. Dios responde a la necesidad del pobre con mano abierta. El contraste del destino de los pobres y los ricos es frecuente en el Antiguo Testamento y en el cristianismo primitivo.

El paralelismo sinonímico que comienza el himno enaltece al Señor por la obra que ha hecho a favor de María y refleja la postura humilde de ella. Dios ha mirado su bajeza y la ha enaltecido tanto que todas las generaciones la llamarán bienaventurada. El tiemo verbal «ha mirado» indica que es en la concepción que Dios enaltece la bajeza de María. Ella reconoce que el ser bienaventurada por generaciones se debe a que es ella la persona que Dios escoge para que dé a luz al Mesías. Partiendo de la experiencia personal de María, el himno procede a exponer cómo Dios actúa con todas las personas. Lo que Dios ha hecho con María es como el Poderoso trata a todos los le temen. Estos son quienes reconocen la autoridad y el poder de Dios y buscan servirle. A éstos, Dios los mira con favor. Al contrario, quienes se enaltecen son esparcidos, es decir, son echados de la presencia de Dios.

El *Magníficat* nos enseña que para vivir concretamente el evangelio necesitamos caminar con la fuerza del Espíritu Santo y en solidaridad con todos los pobres que temen al Señor. Este tema se irá desarrollando en el resto del libro hasta florecer por completo en el libro de los Hechos.

E. Nacimiento de Juan (1.57-66)

Terminando con la confluencia de las historias de María y Elisabet, Lucas vuelve la atención del lector hacia la narración sobre el precursor y sus padres. El niño prometido nace y con él, el gozo anticipado. La comunidad se da cuenta de que Dios ha bendecido grandemente a

Elisabet y a Zacarías, y se acercan para regocijarse con ellos. Ahora vemos una muestra de la fidelidad mencionada antes. Como fieles judíos, al octavo día llevan al niño al templo para que sea circuncidado (Gn 17.9-14). La circuncisión integraba al niño en la comunidad del pacto (Lev 12.3). El nombramiento del niño muestra, primeramente, que durante su mudez Zacarías ha aprendido a confiar totalmente en Dios y, segundo, que el niño es especial pues no recibe un nombre tradicional sino el nombre que Dios le dio. Los congregados, seguramente parientes de los padres, intentan nombrar al niño como su padre, y esto crea tensión con Elisabet, quien insiste en el nombre estipulado por el ángel. Los parientes defienden la tradición y las costumbres de su cultura al querer nombrar al niño como su padre. Elisabet prefiere obedecer el mandamiento de Dios antes que ceder a la presión de su cultura. El que sea la madre quien le da nombre al niño no es lo que cause tensión, ya que en el Antiguo Testamento, de 46 casos en las Escrituras, la madre nombra al niño 28 veces, y el padre 14. La tensión se disuelve cuando Zacarías escribe el nombre «Juan» en una tablilla de cera. La sorpresa de los presentes parece deberse a que Zacarías y Elisabet concuerdan en el nombre sin haberlo discutido.

Concluido el nombramiento del niño, Zacarías comienza a bendecir a Dios. Los congregados reaccionan con temor reverente ya que la mudez de Zacarías era obvia. Maravillándose sobre estos eventos, deducen que el niño es especial. Lucas concluye este breve párrafo con unas palabras que sirven para contestar la pregunta retórica de los vecinos: «la mano del Señor estaba con él».

F. La canción de Zacarías: el *Benedictus* (1.67-80)

Este himno se conoce como el *Benedictus*, por la palabra con que empieza en latín. Se ha especulado mucho sobre la autenticidad de este cántico. Como en el caso del *Magnificat*, algunos eruditos opinan que el *Benedictus* fue compuesto por Lucas, quien lo inserta en su evangelio para interpretar los eventos de las vidas de Juan y Jesús. Tal práctica era común en los historiadores de la antigüedad, y su uso no descalifica la historia narrada, era sencillamente parte de la historiografía de entonces. Por otra parte, el semitismo del griego y la afinidad con los salmos de alabanza, particularmente los que celebran la mano victoriosa del Señor a favor de su pueblo, apoyan la tesis de una procedencia judía. Los estudiantes del griego de Lucas afirman que el vocabulario y la forma literaria de los primeros dos capítulos son diferentes a los del resto del libro. A partir del el capítulo 3, el griego de Lucas es el mejor del Nuevo Testamento, con la posible excepción de Hebreos. Los semitismos en el *Benedictus* son entonces el resultado de una traducción del arameo original al griego, quizás por Lucas mismo. Además, nada en el texto mismo requiere un origen distinto del que Lucas le da. La mudez le ha ofrecido a Zacarías tiempo suficiente para meditar en el mensaje de Gabriel. Sus reflexiones se expresan en cántico bajo la inspiración del Espíritu Santo. Más adelante sugerimos cómo Lucas tiene acceso a este material.

En los vv. 68-71, nuevamente encontramos que el Espíritu Santo obra en otra persona, esta vez en Zacarías quien, lleno del Espíritu, profetiza. El *Benedictus* se compone de dos partes. La primera (vv. 68-75) es una canción que alaba a Dios por la poderosa redención a través del rey mesiánico. En esta sección la salvación es más social y política que en la segunda parte. Los tiempos de los verbos indican que la salvación se entiende como ya realizada. Es posible que esta clase de redención sea la que la mayoría de los judíos contemporáneos esperaban. Esta perspectiva en muchos, en contraste con la clase de mesianismo que Jesús propondrá, creará el dilema cuyo resultado será que la mayoría del pueblo rechace a Jesús como Mesías.

La redención que se celebra en la segunda sección (vv. 76-79) es más espiritual, ya que el énfasis cae sobre el perdón de los pecados. Los tiempos de los verbos en esta sección, en contraste con los de la primera, miran hacia el futuro para su realización.

Algunos intérpretes se sienten obligados a decidir entre una salvación meramente sociopolítica y una completamente espiritual. Pero es mejor aceptar ambos elementos. La realidad es que la redención tiene elementos espirituales y políticos, como podemos notar en varios pasajes del Antiguo Testamento. En Deuteronomio, por ejemplo, cuando el autor explica al pueblo que le esperan bendiciones o maldiciones dependiendo de cuán fieles sean al pacto, vemos que esas opciones se presentan en términos sociopolíticos.

Como en respuesta a la pregunta de los presentes, el cántico comienza con alabanza y continúa enumerando las razones para glorificar a Dios.

En líneas paralelas, Zacarías enumera dos razones para enaltecer al Señor. En su gracia el Señor ha visitado a su pueblo, y ha levantado un salvador davídico. El paralelismo sugiere que se interpreten las dos líneas como referentes a una misma acción por parte de Dios. Dios visita a su pueblo a través del salvador que ha levantado. El lenguaje de «visitar» nos recuerda el Éxodo cuando Dios visitó a su pueblo para su redención. En ese evento paradigmático Dios redime a su pueblo de la esclavitud y crea un nuevo pueblo, una nueva comunidad de fe. Todo esto, añade Zacarías, muestra la fidelidad de Dios a su pacto con Abraham. Por tanto, el pueblo será librado de sus enemigos con el propósito de que pueda servir al Señor en santidad y en justicia. La opresión romana evidente en cada momento de sus vidas se manifestaba concretamente en la fortaleza Antonia, localizada en el monte del Templo y resguardada por los soldados del Imperio. Al oír esta promesa de adorar sin temor, los presentes de inmediato deberían haber pensado en ser librados de ese recordatorio de su opresión.

Concluida esta primera parte de su cántico, Zacarías se dirige al niño Juan y profetiza sobre él. Lo ya visto y oído sugiere sin duda alguna que el niño va a ser, como el ángel pronunció, grande en los ojos del Señor. Sin embargo, ahora vemos que aunque es importantísimo en el plan de Dios para con su pueblo, Juan es meramente el precursor, quien iría delante de la presencia del Señor para prepararle el camino. Este segundo personaje, el Mesías prometido, viene para «dar luz a los que habitan en tinieblas y en sombra de muerte, para encaminar nuestros pies por camino de paz».

Lucas concluye los relatos del nacimiento de Juan con un resumen en el que indica que Juan estuvo en lugares desiertos hasta el día de su manifestación, unos treinta años después.

G. Nacimiento de Jesús (2.1-21)

En 1.5 Lucas sitúa las historias de Juan y Jesús en tiempos del rey Herodes. Ahora en 2.2-3 ensancha los horizontes para incluir el Imperio Romano y localizar los eventos de salvación en el contexto del mundo entero. El Salvador comenzará su jornada terrenal acomodándose a las exigencias militares y fiscales del emperador Augusto César, quien promulga un censo con tal propósito. El Emperador, nacido Gayo

Octavio recibió del senado romano el título de «Augusto» en el año 27 a. C. y reinó hasta el año 14 d. C. Augusto era reverenciado como quien había traído paz al mundo, y entre sus muchos títulos era reconocido como «señor» y «salvador». Más adelante (2.11), el mensajero angelical anunciará que el recién nacido es «Señor» y «Salvador» y que su venida traerá paz a la Tierra.

La identificación del censo de Augusto con el primero bajo Cirenio ha sido muy discutida. Básicamente el problema es que Cirenio no gobernó Siria hasta el año 6 de nuestra era. Poco después hizo el censo de Judea que provocó la rebelión de Judas el Galileo (Hch 5.37). Pero Lucas ya nos informó que los acontecimientos narrados tuvieron lugar en los días del rey Herodes, quien falleció alrededor del año 4 a. C. Además, no hay referencia alguna en la literatura contemporánea a un censo de todo el Imperio. La necesidad de José de viajar a Belén con María para ser empadronado es sin duda el problema histórico de más importancia en el Evangelio de Lucas. La gran mayoría de los comentaristas opina que Lucas confundió el censo de Augusto César con el censo de Cirenio. Según varias fuentes históricas (Suetonio, *Aug.* 28; Dión Casio, liii.30, 2; Tácito, *Ann.* I. 11,7), Augusto hizo censos de diferentes provincias de su imperio. En algunas de las provincias los censos tuvieron lugar con cierta regularidad. Aunque no tenemos datos que indiquen con certeza que Augusto promulgó un censo de todo el Imperio Romano, no podemos decir con seguridad que tal censo no pudo suceder. La regularidad de algunos de los censos en diferentes provincias del imperio puede haberse visto como parte de un censo universal. El viaje a Belén puede ser el resultado de una concesión romana a las costumbres de los judíos, tal como vemos en otros casos como el impuesto al Templo y guardar el sábado. La presencia de María en el viaje, particularmente en su presente estado, a punto de dar a luz, se puede explicar si aceptamos que ya se casó con José y el oprobio recibido por sus vecinos al notar su embarazo tan avanzado le impulsa a arriesgar el viaje aun en su condición. El corazón del problema no es tanto el censo mismo como la fecha de Cirenio como gobernador de Siria. Las soluciones sugeridas emplean el uso de los variantes textuales, lexicografía, etc. En realidad ninguna solución responde a todas las objeciones. Lo único que podemos decir por ahora es que tenemos un problema histórico y quizás en el futuro algún descubrimiento arqueológico nos ayudará a resolver este dilema.

José y María entran en la narración como obedientes súbditos del Imperio. Lucas le recuerda al lector que María está embarazada y que la pareja es de Nazaret, al norte de Jerusalén. Van a empadronarse a la «ciudad de David». En el Antiguo Testamento «la ciudad de David» se refiere normalmente al Monte Sión, esto es, Jerusalén. Aquí la referencia es al lugar de nacimiento de David. La descripción de María como «desposada con él [José] la cual estaba encinta» sirve para reafirmar el nacimiento virginal de Jesús, más que para explicar la relación entre la pareja.

En un nivel el episodio nos presenta al poderoso emperador romano, Augusto, promulgando un censo que muestra su señorío sobre todo su dominio. José y María se representan como obedientes súbditos del Imperio al trasladarse a Belén, a pesar del embarazo avanzado de María. Pero en una manera más profunda, y que solamente el lector puede apreciar, Lucas nos presenta a otro Soberano, el Señor Todopoderoso que usa el edicto del emperador romano para así cumplir los planes divinos.

Con sencillez, Lucas narra el nacimiento del niño cuando la pareja se encuentra en Belén. El niño es designado «hijo primogénito» (*protokos*)— frase que ha causado mucha discusión, particularmente entre los comentaristas que sostienen que María y José no tuvieron ningún otro vástago y quienes sostienen lo contrario. Todos los estudiosos concuerdan en que la designación prepara al lector para los acontecimientos de 2.23ss. Es improbable que Lucas tenga en mente una referencia a otros hijos o hijas de la pareja, aunque la referencia misma parece implicarlo. El término «primogénito» se usa en el Antiguo Testamento para designar el «primero» sin referencia a otros que siguen. Este uso sencillamente implica una relación con Dios y asigna a Jesús todos los derechos de los primogénitos, incluyendo cualquier derecho real. El recién nacido es envuelto con tiras de tela que daban vueltas alrededor de su cuerpo, particularmente para mantener firmes los brazos y las piernas. Careciendo de una cuna, los nuevos padres acuestan al niño en un comedero para animales debido a que no había lugar para ellos en el «mesón». A pesar de la tradición cristiana, el vocablo en griego no es el que regularmente se usa para referirse a una posada o mesón, sino que implica más bien un albergue público. El lugar daba oportunidad para que el viajero pudiese detenerse, desenganchar las bestias de carga, darles de comer y así pasar la noche. El hecho de no haber lugar no es tanto debido al censo como a

en la escena se quedan ponderando sobre el mesianismo del salvador, ya que es designado «Señor», nombre que los judíos helenizados usaban en vez del nombre divino, y que los gentiles asignaban a Augusto. La idea queda plantada en todos aquellos que atestiguan y oyen las palabras del ángel: que el niño es mucho más de lo que aparenta.

Tras la riqueza de los elaborados títulos («Salvador, Cristo, Señor») viene la simpleza y pobreza de la señal que verificará las palabras del ángel: «hallaréis al niño envuelto en pañales, acostado en un pesebre».

De repente al solitario ángel se le unen las huestes celestiales, quienes alaban a Dios. El maravilloso espectáculo de estos seres angelicales y el sonido de sus voces forman un gran contraste con las últimas palabras del ángel, «encontrarán al niño acostado en un pesebre». No está claro exactamente lo que decían. Algunos manuscritos tardíos, versiones antiguas y varios padres de la Iglesia dicen *en anthropois eudokia* («benevolencia entre los humanos»). Pero los manuscritos más antiguos, seguidos por la versión latina, dicen *en anthropois eudokias* («para los hombres de su benevolencia»). Las versiones castellanas reflejan estas opciones:

RV60: ¡Gloria a Dios en las alturas, y en la Tierra paz, buena voluntad para con los hombres!

RVA: ¡Gloria a Dios en las alturas, y en la Tierra paz entre los hombres de buena voluntad!

NVI: ¡Gloria a Dios en las alturas, y en la Tierra paz a los que gozan de su buena voluntad!

La evidencia de los manuscritos, las versiones, y el hecho de que es la lectura más difícil de entender, apoyan la designación de la segunda lectura como el texto original. Es posible que los copistas intencionalmente alteraran el texto, para así producir una lectura más fácil de leer y aceptar teológicamente. En el judaísmo del primer siglo, la frase «para los hombres de su benevolencia» se usaba para designar aquellos a quienes Dios había mirado con favor, quienes eran recipientes de su misericordia y de su gracia. En el contexto de Lucas 1-2, son quienes temen a Dios; hombres y mujeres como Zacarías, Elisabet, María, Simeón y Ana la viuda, personas designadas «justas». Aceptando esta lectura, el significado de las palabras sería «y sobre la Tierra paz entre los humanos a quienes Dios ha escogido por su gracia». Con ellos Dios está complacido.

Habiendo partido los ángeles, los pastores deciden pasar a Belén para ver lo que ha sucedido, esto es, lo que el Señor les manifestó. Los pastores van apresuradamente, encuentran todo según esperaban, y cuentan cómo es que ellos saben del nacimiento del niño. Esto hace que otras personas se maravillen ante lo que Dios está haciendo en medio de ellos. María, por su parte, medita y reflexiona sobre todas estas cosas en su corazón, esto es, en la privacidad de su mente. La frase sugiere que María, aunque procedió en fe, no entiende completamente todo lo que ha acontecido y oído de parte de los pastores. Es probable que los pastores narren la escena y reciten las palabras del ángel. Quizás el triple título de Salvador, Mesías y Señor haga que ella comience a reconsiderar lo que está ocurriendo. La realidad es que aun quienes responden con fe a la voluntad divina encuentran momentos cuando no todo parece bien. María entiende que ha sido escogida por la gracia de Dios para ser la madre del Mesías. Pero no tiene idea, en estos momentos, de la naturaleza humana y divina de este redentor. La idea sería inconcebible para ella si tomamos en serio su herencia judía.

H. Presentación en el Templo (2.22-40)

Los versículos 22-40 forman una entidad literaria que concluye el paralelo con Juan. El tema del cumplimiento de la ley enmarca el pasaje. Implícita en este tema del cumplimiento de la ley está la idea de que el Señor está orquestando los últimos días prometidos, para así inaugurar la manifestación completa del pacto con su pueblo.

La exigencia de la ley, así como el censo de Augusto César, son parte de este arreglo divino ya que sirven para preparar la escena de 2.25ss, donde encontramos, primeramente, a un hombre justo y una promesa de parte del Espíritu Santo y aparece una profetisa que habla del niño a todos los que esperan la redención de Jerusalén.

Curiosamente, el pasaje comienza con el «cumplimiento» de los días de purificación de «ellos». Parece que Lucas, en su selección de vocablo, quiere señalar que el fin de los requisitos de la ley se aproxima. Según la ley mosaica (Lv12.1-4)) por cuarenta días después del alumbramiento la mujer permanecía en un estado de impureza ritual. Al final de los cuarenta días ella se presentaba ante el sacerdote para hacer una purificación para sí misma. La referencia a la purificación de *ellos* es rara en este contexto, ya que solamente la madre era considerada inmunda y el texto no aclara quién, aparte de María, está incluido en este *ellos*. El contexto requiere que son María y a José, quienes traen a Jesús a Jerusalén para dedicarlo al servicio del Señor. Esta peculiaridad puede explicarse de dos maneras. Algunos sugieren que José también está inmundo por el contacto con María. Otros sugieren que como cabeza de familia, José tenía que proporcionar el sacrificio y asegurarse que se cumpliese la ley. Ambas explicaciones son válidas. Como el texto no nos da ninguna señal para seleccionar, es mejor declarar que no estamos seguros de la razón por la qué José necesita purificación. El sacrificio mencionado es el designado como acto de purificación de los pobres.

La narración continúa con la introducción de Simeón, un judío descrito como justo y piadoso. El nombre en sí era muy popular, ya que era de uno de los hijos de Jacob. Aparte de lo que podemos deducir del texto bíblico, no sabemos nada de Simeón. No se indica si era sacerdote, aunque la tradición cristiana postbíblica, basándose en el acto de bendecir a los padres y tomar al niño Jesús en sus brazos, así lo presenta. Algunos comentaristas de antaño consideraban la posibilidad de que este Simeón fuese el nieto del reconocido rabí Hilel y padre de Gamaliel; pero tal asociación es más imaginativa que histórica.

Lo que sí sabemos es que Simeón es «justo» (*diakaios*); esto es, ha vivido una vida ejemplar en cuanto a la ley mosaica. En términos no religiosos diríamos que era una persona moral. No solamente es justo, sino que se añade que es también «piadoso» (*eulabes*). La palabra se usa para describir a quienes cuidadosamente cumplen con todas las estipulaciones de la ley.

Este Simeón «esperaba la consolación de Israel». La consolación de Israel era uno de los elementos claves en algunas de las corrientes escatológicas. Expresaba la esperanza de la redención del pueblo de Dios, Israel.

Nada en el texto sugiere que Simeón fuese profeta, aunque nada lo niega. Sencillamente no sabemos. Con el niño en sus brazos, Simeón bendice a Dios en un cántico, el quinto que encontramos en estos primeros capítulos de Lucas. Las palabras mismas de su bendición no están incluidas en los versículos que siguen, sino que encontramos una breve sinopsis de las palabras pronunciadas por Simeón, particularmente las que darían luz sobre la misión de Jesús. Las palabras de Simeón se dividen en dos partes. Los vv. 29-32 son dirigidos al Señor y forman un tipo de discurso de despedida. Las segunda parte está en forma de profecía sobre la misión del niño y el dolor que esa misión causará a los corazones de sus padres.

«Ahora» el momento decisivo en la vida de Simeón ha llegado. El fiel siervo (*doulos*) puede ser despedido por su Señor ya que puede ver la consolación de Israel con sus propios ojos. El verbo traducido «despides» es un eufemismo para la muerte e implica que el proceso de ser despedido está ocurriendo en esos momentos. Por un tiempo indefinido, Simeón ha vivido con la promesa de que no será despedido de su oficio como atalaya hasta que vea la salvación de su pueblo. Ahora que reconoce quién es Jesús, puede morir en paz sabiendo que Dios cumplió su promesa y que la salvación de Israel está asegurada. Simeón ha visto con sus propios ojos la prometida salvación de Dios, ya que «en el Espíritu» visualiza la salvación en Jesús, como el versículo 32 la metáfora menciona que de la luz aclarará. No es solo que Simeón ve en el niño a la persona que realizará la salvación, sino que el niño mismo es la salvación. Él será la luz para la revelación a las naciones. Por medio de Simeón, Lucas introduce aquí el tema de la singularidad de la salvación a través de Jesús. Esta idea, que se desarrollará y aclarará en subsiguientes capítulos en Lucas y en el libro de los Hechos, llevará al tema del conflicto (vv. 34-35). Los vv. 31-32 indican que la salvación que Simeón esperaba debería ser reconocida por todos, ya que Dios la ha preparado de antemano en la «presencia de todos los pueblos» y será «luz para revelación a los gentiles y gloria» al pueblo de Israel.

Los padres se maravillan al oír un testimonio más de lo que Dios está efectuando a través de ellos. Paso a paso, de grado en grado, se ha estado manifestando el plan de Dios, y cada una de las escenas de Lucas 1.5-2.52 aclara los propósitos de Dios con el niño. Hasta este momento la grandeza de la salvación se ha enfatizado. El próximo versículo comenzará a examinar el costo de la salvación.

Después de bendecir a los padres, Simeón profetiza con dos imágines del ministerio del niño: traerá división al pueblo, y será una señal. La primera se basa en Isaías 28.16 («He aquí que yo he puesto en Sión por fundamento una piedra, piedra probada, angular, preciosa, de cimiento estable. El que crea, no se apresure».). Aquí se presenta a Jesús como quien ha sido puesto en el camino como fundamento en Sión, y quienes confían en él no tienen por qué preocuparse. La segunda enfatiza que su ministerio se enfrentará con oposición. Como resultado de esta oposición, una espada traspasará el alma de María. Al momento María solamente podría imaginar qué tipo de oposición terminaría con un dolor en lo profundo de su alma. Cuando llegue el día para la redención del pecado, el precio que Jesús pagará en la cruz del Calvario, la memoria quizás no se acordaba de Simeón, pero el dolor en el alma al ver a su hijo crucificado seguramente traspasó el alma de María.

Rápidamente Lucas procede del testimonio de Simeón al de Ana. La descripción de Simeón enfatiza su relación con el Espíritu, y esto autoriza su testimonio. En el caso de Ana, Lucas describe su relación en el pueblo de Dios para verificar su testimonio. Se dice que es «profetisa». En el Antiguo Testamento encontramos cuatro profetisas (Miriam, la hermana de Moisés [Ex 1.20], Débora [Jue 4.4], Hulda [2 Re 22.14] y la esposa de Isaías [Is 8.3]). En el Nuevo Testamento se mencionan profetisas como las hijas de Felipe (He 12.9) y las que profetizan en Corinto (1 Co 11.3-6). Estos ejemplos muestran que aunque la sociedad era principalmente patriarcal, existen suficientes modelos para sugerir que la idea de una mujer agente de la revelación divina, no era categóricamente rechazada ni en el judaísmo ni en el cristianismo. Desafortunadamente, más tarde en la historia del cristianismo las normas culturales se estimaron más que los ejemplos bíblicos. Como consecuencia la contribución de las mujeres en el servicio profético, como en muchos otros, fue suprimida.

Ana era de edad muy avanzada y viuda por muchísimos años. Todos los años de su viudez los dedicó al servicio en el Templo. Día y noche está en el Templo orando y ayunando. No cabe duda que es la israelita ideal. Es una mujer de fe y devoción, quien en vez de preocuparse por buscar esposo, dedicó su vida al servicio del Señor. Ana servirá como ejemplar para las mujeres devotas del cristianismo que dedican todas sus vidas y posesiones al servicio del llamado de Dios.

Esta Ana está en el Templo a la misma hora que Simeón se encuentra con Jesús y sus padres (Lucas no tiene necesidad de explicar cómo llegó Ana al Templo, pues está allí día y noche). Al oír el testimonio de Simeón, Ana comenzó a hablarles acerca del niño a todos los que esperaban la redención de Israel; en otras palabras, a todo israelita fiel y devoto como Simeón y Ana. Lucas no hace cita de las palabras de Ana. El episodio concluye con un resumen que indica que José y María cumplieron con todos los requisitos de la ley y regresaron a Nazaret.

I. Jesús visita a Jerusalén en la Pascua (2.41-52)

En un versículo Lucas recapitula doce años, y la historia salta a una visita de la familia al Templo durante la fiesta de la Pascua. La ley mosaica exigía que todos los judíos varones de «edad madura» fuesen a Jerusalén tres veces al año para asistir a tres fiestas solemnes: la Pascua, Pentecostés y los Tabernáculos (Ex 23.14-17; 34.22-23; Dt 16.16). La dispersión del pueblo hizo que esto fuera imposible para muchos y hasta a quienes vivían en la región se les hacía difícil hacer el viaje tres veces al año. Por eso muchos seguían la costumbre de ir una vez al año. José y María escogieron asistir a la fiesta de la Pascua anualmente. La piedad de la familia se enfatiza al decir que «Iban *sus padres* todos los años a Jerusalén». La ley demandaba que solamente los judíos varones fueran. Aparentemente María iba también.

La fiesta duraba unos siete días e incluía varias ceremonias, pero a Lucas no le interesa ninguno de los detalles que nos interesarían a nosotros como historiadores de la religión. Lucas se mueve rápidamente de la ida a la fiesta a lo que sucede después. Yendo en el viaje de regreso a Nazaret, el niño Jesús se quedó en Jerusalén sin que lo supieran sus padres. Cada uno de los padres piensa que el niño está con el otro, pues si la costumbre que vemos más tarde ya existía en esos días, los peregrinos viajaban en caravanas. Las caravanas incluían hombres, mujeres y jóvenes de una aldea en particular o de un grupo de aldeas que viajaban juntos no solamente para acompañarse, sino también para su protección. Las mujeres viajaban en un grupo y los hombres en otro. Al terminar el día de viaje, la caravana se hospedaba en un sitio previamente seleccionado. Aparentemente María y José están en diferentes grupos y cada uno piensa que Jesús está con el otro. Al acampar esa noche, se dan cuenta que el niño no está. Por la mañana comienzan el viaje de regreso.

Encuentran a Jesús en el Templo, dialogando con los maestros. Lucas no indica exactamente en qué parte del Templo están. La escena es típica en la antigüedad: discípulos y maestros sentados para dialogar. Jesús está en medio de ellos como quien está aprendiendo, y no como maestro. Escucha, y hace preguntas. Los evangelios apócrifos adornan la escena añadiendo que las preguntas de Jesús dejan a los doctores de la ley atónitos y sin respuesta. El Evangelio Árabe de la Infancia nos presenta a Jesús dando instrucción en temas tales como la medicina y la astronomía. La sencillez de lo que Lucas dice apoya su base histórica; lo único que sobresale es que todos se maravillan de la inteligencia y respuestas de Jesús. Nada de detalles, sino solo que Jesús a esa temprana edad se interesa por aprender de los maestros de la ley.

Al encontrarlo en medio de tan augusta compañía, su madre pregunta: «Hijo, ¿por qué nos has hecho esto? Tu padre y yo te hemos buscado con angustia». Como todo padre en circunstancias semejantes, han pasado unos días llenos de ansiedad y temiendo lo peor. La pregunta de María es lo que se esperaría de cualquier madre en circunstancias semejantes. La respuesta de Jesús son las primeras palabras que pronuncia en el evangelio: «¿Por qué me buscabais? ¿No sabéis que en los negocios de mi Padre me es necesario estar?». La respuesta demuestra el sentido de prioridad de Jesús e incluye una referencia a la necesidad de su tarea. La prioridad es la relación especial que Jesús tiene con Dios Padre. Pero no del todo claro el aspecto de esa relación que enfatiza aquí Jesús, ya que hay un elipsis en la oración griega. Literalmente el texto dice «en las de mi Padre». No está claro qué es lo que se debe insertar para entender la oración. La mayoría de los comentaristas y las versiones optan por añadir «los negocios» y por lo tanto tenemos la traducción: «¿No sabíais que en los negocios de mi Padre me es necesario estar?». El punto sería entonces que Jesús debe estar en los negocios de su Padre y que esos negocios se llevan a cabo en el Templo. Como veremos más adelante, Jesús puede estar involucrado en los negocios de su Padre aun cuando está lejos de Jerusalén. Mejor es insertar la palabra «la casa» con el sentido de que Jesús debe estar en la casa de su Padre, esto es en el Templo instruyendo al pueblo en el camino de Dios. En los escritos lucanos es en el Templo donde la instrucción toma lugar, y es en esa tarea que Jesús debe involucrarse ya a tan temprana edad. En la respuesta de Jesús encontramos la frase «es necesario», la cual será de suma importancia para entender la misión de Jesús. La frase insinúa un plan divino y que para realizar ese plan ciertos pasos son necesarios, entre ellos: predicar el Reino de Dios (4.43), sufrir, morir y resucitar (9.22), venir en gloria (24.26) y que se cumpliese todo lo escrito en las Escrituras (24.44). El plan es inevitable. Jesús comienza su ministerio público con ese sentir de misión y determinación.

Un resumen concluye el «evangelio de la infancia» en Lucas. Jesús regresa a Nazaret y se sujeta a sus padres. Su madre reflexiona sobre todo lo que ha ocurrido desde la visita de Gabriel hasta el presente. Mientras tanto, «Jesús crecía en sabiduría, en estatura y en gracia para con Dios y los hombres».

Preparación para el ministerio (3.1-4.13)

Capítulo 2

La preparación del ministerio público de Jesús forma la segunda parte del evangelio de Lucas (3.1-4.13). El papel de Juan como precursor es predicar el bautismo del arrepentimiento para el perdón de pecados, todo en cumplimiento de las Escrituras (3.3-6). Después de un ejemplo de la predicación de Juan (3.7-14), el lector aprende que ha de esperar a uno que viene después de Juan, y que es más poderoso que Juan (3.15-18). Cumplida su función, el ministerio de Juan concluye con su encarcelamiento (3.19-20). Entonces Lucas comienza su narración acerca del ministerio público de Jesús. Una vaga referencia al bautismo de Jesús enfatiza la venida del Espíritu Santo sobre él y la voz del cielo afirmando el llamado de Jesús (3.21-22). Una genealogía (3.23-38) y el relato de la tentación de Jesús por el diablo en el desierto concluyen la sección introductoria (4.1-13).

Bosquejo de esta sección

A. Juan el Bautista: el precursor 3.1-20
   1. El ministerio de Juan el Bautista 3.1-6
   2. La predicación de Juan el Bautista 3.7-14
   3. La promesa de Juan el Bautista 3.15-18
   4. Juan el Bautista en la prisión 3.19-20

B. Jesús: el segundo Adán 3.21–4.13
  1. El bautismo de Jesús 3.21-22
  2. Genealogía de Jesús 3:23-38
  3. La tentación en el desierto 4.1-13

A. Juan el Bautista: el precursor (3.1-20)

1. El ministerio de Juan el Bautista (3.1-6)

Los cuatro evangelios canónicos, el libro de los Hechos y el historiador judío Flavio Josefo, concuerdan en que Juan practicaba el bautismo como ritual de iniciación entre sus discípulos. También están de acuerdo en que Juan era una persona de poderosas palabras y de influencia en su sociedad.

Historiadores clásicos como Tucídides (Historias 2.2) y ciertos autores del Antiguo Testamento (Is 1.1; Jer 1.3) comienzan sus narraciones históricas sincronizando los eventos de su narrativa con los gobernantes contemporáneos. Lucas sigue ese estilo al comenzar la historia de Jesús con un amplio cuadro que incluye cinco gobernantes civiles y dos sacerdotes judíos. Los gobernantes civiles se presentan desde el más hasta el menos poderoso. Tiberio comenzó su reinado en el año 14 d. C. y reinó hasta el 37 d. C. Por tanto el año quince de su reinado es el 28-29 d. C. La situación política en Judea ha cambiado desde el nacimiento de Juan y de Jesús hasta ahora. En Judea gobierna Poncio Pilato como prefecto o procurador romano. La presencia de un procurador en Judea declara que la región está bajo el control directo de Roma. En otras regiones de Palestina encontramos a dos hijos de Herodes el Grande (Herodes Antipas y Felipe) quienes gobiernan como tetrarcas. En su empeño de gobernar efectivamente y al mismo tiempo permitir a los pueblos subyugados cierta autonomía, los emperadores romanos con regularidad asignaban nobles fieles a Roma para la labor de gobernar. Así fue como Herodes el Grande, y su padre, alcanzaron el control del trono en Judea. Los hijos de Herodes el Grande en realidad no gozaban del mismo nivel de confianza y carecían de la habilidad administrativa de su padre. Por tanto no recibieron el titulo de «rey», sino el de «tetrarca». El quinto gobernante mencionado, Lisanias, es difícil de identificar con certeza ya que el nombre es dinástico (como el de Herodes), y tenemos a varias personas de ese nombre en tiempos del Nuevo Testamento.

Dos líderes religiosos, Anás y Caifás, se mencionan como sumos sacerdotes. Literalmente Lucas se refiere a Anás y Caifás con el singular (*archieros*), «sumo sacerdote». Anás había sido sumo sacerdote en los años 6-15 d. C. y luego su yerno Caifás tomó entonces su lugar hasta el año 36. Las palabras de Lucas implican que hay dos personas ejerciendo la autoridad de sumo sacerdote, aunque solamente uno es propiamente designado con ese título, lo cual se ve también en Juan 18.13-27. Los siete nombres no solamente indican con gran exactitud la fecha del comienzo del ministerio público de Jesús, sino que también ilustran la complejidad de la situación sociopolítica en Palestina en ese tiempo.

Colocando la historia en el año 28/29 d. C., Lucas introduce a Juan en forma análoga a los profetas de Israel: «vino palabra de Dios a Juan hijo de Zacarías». Aunque Juan ha estado lleno del Espíritu desde su nacimiento, ahora está cumpliendo su función de profeta del Altísimo. Flavio Josefo complementa el testimonio neotestamentario sobre Juan (*Antigüedades* 18.5.2).

Juan es un profeta itinerante, como lo será Jesús, aunque la esfera de actividad de Juan está limitada a las regiones del Jordán. Su predicación se resume en una frase preñada de significado: «el bautismo del arrepentimiento para perdón de pecados». El bautismo era una ceremonia o ritual mediante el agua, que simbolizaba la purificación. Sus antecedentes yacen en actos de purificación del culto sacerdotal.

En la literatura griega, el «arrepentimiento» (*metanoia*) significa cambiar de sentimiento después de haber cometido una mala acción. La LXX usa este vocablo para traducir *niham*, que significa entristecerse, sentirse interiormente conmovido por la tristeza. *Metanoia* fija la atención en la dimensión profunda del interior del arrepentimiento, sugiriendo una renovación interior. Esa renovación afectará la conducta del arrepentido no solamente ante Dios, sino lo que es más significativo, en relación con quienes lo rodean. Esa es la implicación de 3.10-14. El arrepentido muestra interés por el bienestar de otros y es motivado por la esperada venida de Dios con poder (3.7-9). El arrepentimiento resulta en una vida responsable ante Dios y conmovida por las necesidades de otros. El resultado es una reorientación de la perspectiva humana que deja atrás el pecado y se fija en Dios, y resulta en una vida diferente.

Este bautismo tiene como objetivo («para») el perdón de pecados. Se reconoce que el pecado necesita solución. Es lo que aparta a la humanidad de Dios. El bautismo de Juan no significa que el acto mismo limpie de pecados. Notamos que Juan apunta a otro que viene después de él, quien bautizará con fuego y poder, con el Espíritu Santo. El bautismo de este último será más poderoso y efectivo que el de Juan.

La lista de gobernantes sitúa el ministerio de Juan en su contexto sociopolítico. Ahora Lucas lo situará en la historia de la salvación. La cita bíblica (Is 40.3-5) prueba que la predicación y el bautismo de Juan son una respuesta auténtica al llamado de Dios. Los esenios de Qumrán ya habían apelado a esa escritura para legitimar su estadía en el desierto. Juan no viene solamente para evocar el llamado al arrepentimiento y al bautismo, sino también en espera activa de la venida del Señor por su pueblo, como fue prometido por Isaías. En 1.15-17 Juan se presenta como quien irá delante del Señor Yahvé. Ahora en el capítulo 3 encontramos que Juan preparará el camino para el Señor Jesús. El tiempo de la salvación escatológica ha llegado. Por tanto, con Jesús se anunciará la manifestación del Reino de Dios.

2. La predicación de Juan el Bautista (3.7-14)

Lucas omite descripción alguna del bautismo en sí, pues se limita a hacer referencia a él. En su lugar, Lucas incluye un vistazo de la predicación de Juan. Dirigiéndose al gentío que lo rodea, Juan pronuncia palabras graves, seguramente chocantes para su audiencia.

«Las multitudes» será la designación favorita de Lucas para referirse a la población en general. Estas multitudes muestran curiosidad, y hasta quizás interés, en lo predicado por Juan (aquí) o por Jesús (en la mayoría de los casos en el evangelio). De entre ellos Jesús llamará a sus discípulos. En este contexto el vocablo tiene el sentido de aquellos que son conmovidos por la predicación de Juan y viajan a la ribera del Jordán para encontrarse con Juan. De acuerdo al historiador judío Josefo, Juan fue una sensación para sus días, y despertó el interés del pueblo entero.

La predicación de Juan es dura. Su selección de metáforas pinta vivamente un cuadro que debe haber chocado con la sensibilidad de su audiencia. Mateo y Marcos nos informan que estas palabras se dirigen a los fariseos y a los saduceos. Seguramente estos están entre la multitud, y puede ser que Juan les mire mientras pronuncia estas palabras.

Con «generación de víboras» Juan trae a la mente la naturaleza destructiva y venenosa de las serpientes. Curiosamente, aparte de Génesis

3, el uso de las víboras como metáfora para describir los enemigos del pueblo de Dios no es frecuente en el Antiguo Testamento, ni en Josefo, ni en los rabinos del día. Aparte de esta referencia en Lucas 3, la designación «hijos de víboras» se encuentra en los Rollos del Mar Muerto (1QH 3.12-17) para referirse a los hijos de Belial (Satanás). Si el uso de Juan es análogo a 1QH, entonces el Bautista denomina al pueblo «hijos de Satanás» en vez de ser hijos de Abraham. Esta conclusión queda verificada con las palabras que siguen, indicando que Dios puede hacer hijos de las mismas piedras. Juan expande su metáfora para incluir la huida en busca de rescate, cosa muy común para las serpientes cuando el fuego invadía sus guaridas. Juan implica, por tanto, que la única razón por la cual las multitudes están ahí es porque buscan escapar del fuego abrasador, su filiación con Dios.

Es muy importante tener esto en mente cuando anunciamos las nuevas de salvación hoy día. Con frecuencia usamos métodos o pronunciamos palabras con la intención de asustar al pueblo con «fuego», y así sacarlos de sus guaridas. Y ante la verdad salen de sus comodidades para escapar; pero cuando pasa el calor del miedo regresan nuevamente al lugar de escondite. Hay ocasiones en que eso se puede hacer; pero lo más importante es que el pueblo reconozca que la seguridad de salvación proviene de la filiación con Dios. La relación con Dios se basa en el amor y en su pacto incondicional.

El Bautista señala la necesidad de reflexionar en el deseo de ser bautizado. El acto en sí no resulta en purificación. Lo importante es la actitud del bautizado después de la ceremonia. «Producid» (en aoristo del imperativo) denota la vida de quien ha decidido que sus frutos (su diario vivir) muestren su arrepentimiento. Al someterse al arrepentimiento, la persona se está comprometiendo a conducir su vida de forma diferente a la anterior. El arrepentimiento demanda este cambio, y el fruto resultante confirma el cambio interior.

La esperanza en que «somos hijos de Abraham» resulta engañosa, porque podía crear falsa seguridad basada en el nacimiento físico. Trae a la mente la falsa esperanza que los israelitas afirmaban en los días del profeta Jeremías. Pensaban que la presencia del Templo en el monte Sión garantizaba su seguridad y que no tenían que temer al ejército babilónico.

A la advertencia de no depender del parentesco de Abraham sigue otra que enfatiza la inminencia del castigo. El hacha está puesta para destruir la raíz del árbol que no da fruto. La falta de frutos dignos de arrepentimiento resulta en la destrucción total. Las palabras de Juan en los versículos 10-14 son únicas en Lucas y expresan la reacción del pueblo a las advertencias del Bautista. Lucas toma tres grupos que paradigmáticamente representarán a las multitudes. La reacción de estos tres grupos muestra que entienden muy bien que el bautismo en agua no es eficaz para su purificación. Reconocen que sus vidas tienen que ser diferentes. Por lo tanto, la gente, los publicanos y los soldados hacen la misma pregunta: «¿Qué haremos?». Hoy día diríamos: «¿Cómo debo vivir?».

La respuesta que Juan le da a cada interrogante es muy práctica. No exige que los oyentes adopten una vida ascética como la de él, ni requiere elaborados ritos de penitencia. Más bien, Juan llama la atención al acto de satisfacer las necesidades de otros, particularmente de aquellos que tienen más necesidad que ellos o quienes están bajo su autoridad. El que tiene dos túnicas debe considerar al que no tiene siquiera una. El que tiene para comer, debe proveer al que sufre hambre. Para Juan, y luego para los discípulos de Jesús, el fruto de una vida reorientada hacia Dios es el cuidado que se tiene de los necesitados. Ese será el poderoso mensaje de la parábola del buen samaritano (Lc 10.25-35).

De la gente en general, la atención pasa a dos grupos no muy apreciados en aquellos días. Los publicanos eran recaudadores de impuestos. La administración romana adjudicaba a los publicanos una región para coleccionar los impuestos que el estado exigía. La diferencia entre la cantidad de dinero recaudada y la aportación exigida por el gobierno romano era propiedad del recaudador de impuestos. Los publicanos retenían para sí esta cantidad como su derecho. Muchos abusaban del margen concedido y así oprimían a otros. Por lo tanto, eran despreciados y frecuentemente se mencionan junto a los pecadores (Mt 9.9-13; Lc 5). Las palabras de Juan a los publicanos demandan que mantengan su integridad aun en su oficio muy despreciado: «No exijáis más de lo que os está ordenado». Estas palabras implican que deben llevar a cabo su función y hasta cobrar algo para su propio sostén, pero prohíbe la extorsión que conduce a una vida de comodidad para uno a base de la desgracia de otro.

Los soldados se acercan con la misma interrogante. Sin excepción, los comentaristas concuerdan en que estos soldados son judíos bajo el servicio de otros dignatarios del Imperio. No reciben amonestación sugiriendo cambio de empleo. «No mal usen su autoridad ni su poder». Y Juan añade que no deben depender de la extorsión para incrementar su salario.

3. La promesa de Juan el Bautista (3.15-18)

En el capítulo 1 notamos que Simeón y Ana se contaban entre quienes esperaban la consolación de Israel. Esa expectativa existe entre muchos del pueblo y conduce a especulaciones (basadas en las referencias al juicio en 3.7-9) sobre si Juan es quien traerá esta consolación. Aparentemente todo el pueblo se pregunta lo mismo, y esa expectativa scrá evidente también en el ministerio de Jesús. Consciente de estas especulaciones, Juan responde primeramente con una afirmación de su misión («yo os bautizo con agua»), pero añade que después de él viene uno aún más poderoso que él (Jesús). De acuerdo a Juan el ministerio de Jesús es superior en tres formas: (1) Jesús es más poderoso, (2) ofrece un bautismo mejor y (3) Jesús es el juez. Es tanta la superioridad de Jesús sobre Juan, que este último declara que no es digno de desatar la correa de su calzado; en otras palabras, no es digno de hacer la obra reservada para el más bajo de los sirvientes.

Una gran diferencia entre Juan y Jesús es el bautismo que cada cual trae. En contraste al bautismo con agua (Juan), Jesús bautizará con el Espíritu Santo y con fuego. La cuestión principal sobre esta declaración es si la referencia al fuego debe de entenderse positiva o negativamente. ¿Se refiere a una bendición (la ardiente obra purificadora del Espíritu en la vida del creyente)? ¿O se refiere al juicio que caerá sobre el incrédulo? Es evidente en el versículo siguiente que la referencia al fuego contiene elementos de juicio, ya que él quemará la paja. En el Antiguo Testamento la metáfora de fuego se usa con frecuencia para referirse a la purificación del pecado; pero también se usa para referirse al juicio de Dios sobre el pecado. Isaías 4.4-5 es el único pasaje del Antiguo Testamento en el cual encontramos juntas referencias al Espíritu y al fuego. El uso en Isaías sugiere que las dos ideas se pueden emplear simultáneamente. Ese es el uso que Juan emplea aquí. Esto es, el bautismo que Jesús trae sirve para purificar y así salvar al pueblo, mientras al mismo tiempo sirve para separar para juicio a los incrédulos. El poderoso evento de salvación cumplirá la profecía de Simeón: «éste está puesto para salvación . . . y para señal que será contradicha». Finalmente el mensaje de Juan se resume como buenas nuevas.

4. Juan el Bautista en la prisión (3.19-20)

Lucas resume el fin del ministerio de Juan. Mateo y Marcos sitúan este episodio más tarde en sus evangelios. Lucas brevemente menciona la encarcelación de Juan y da por razón que Juan reprendió al rey Herodes (Antipas) por haber tomado a la esposa de su hermano Felipe y por muchas otras maldades. Herodes se divorció de su primera esposa para casarse con Herodías, quien se divorció de su esposo, el hermano de Herodes.

B. Jesús: el Segundo Adán (3.21-4.13)

1. El bautismo de Jesús (3.21-22)

Habiéndose bautizado «todo el pueblo», Jesús pasa para ser bautizado también. El bautismo de Jesús se presenta como la culminación del ministerio de Juan, aunque Lucas no describe el episodio en sí, sino meramente dice que tuvo lugar. El interés de Lucas yace en el descenso del Espíritu Santo y en la voz del cielo que aprueba la vida y el ministerio de Jesús. Se debe notar que Lucas nos da la impresión que el descenso del Espíritu Santo y la voz del cielo ocurren después del bautismo, cuando Jesús está en oración.

El motivo por el que Jesús se somete a un bautismo de arrepentimiento es uno de los problemas bíblicos más discutidos. ¿Por qué el bautismo? Varias sugerencias se han propuesto. (1) Jesús se arrepiente del pecado [pero véase Jn 8.46; 2 Co 5.21; Heb 4.15; 7.26; 9.14]; (2) Jesús afirma con su bautismo el ministerio de Juan; (3) Jesús estaba cumpliendo toda justicia (Mt 3.15), pero no se sabe exactamente lo que esto significa, y (4) Jesús se sometió al bautismo en anticipación simbólica de su pasión y muerte.

En el evangelio de Lucas no se da la solución a este problema teológico. No podemos decir con certeza alguna la opinión del autor, pero sí podemos ofrecer nuestra opinión. Al ser bautizado Jesús acepta el enlace entre su ministerio y el de Juan. Jesús continúa y concluye el ministerio de Juan. Segundo, el bautismo demuestra que Jesús se identifica con el pueblo y reconoce la necesidad del arrepentimiento en el ser humano para poder reorientar la vida hacia la comunión con Dios. Finalmente, y quizás lo más importante, al ser bautizado Jesús recibe la unción del Espíritu Santo para capacitar el ministerio mesiánico que está por delante.

El propósito de la voz en 3.22 es proveer autorización y aprobación de la identidad y la misión de Jesús. Siguiendo la tradición de los reyes israelitas, que en el día de su coronación eran adoptados hijos de Dios (Sal 2; 8), aquí vemos a Jesús atestiguado como Hijo en quien Dios se complace. Con este sello de aprobación puede comenzar el ministerio público de Jesús.

2. Genealogía de Jesús (3.23-38)

Lucas interrumpe la narración de los acontecimientos para insertar una genealogía de Jesús. La lista de nombres es para nosotros los modernos de poco interés, pero era de suma importancia en la antigüedad, particularmente para los judíos. Aunque existen aparentes discrepancias entre la genealogía de Mateo, y está claro que las dos listas no concuerdan en todo, tampoco son incompatibles.

3. La tentación en el desierto (4.1-13)

En los evangelios sinópticos la tentación en el desierto sigue de inmediato al bautismo de Jesús. Al ser bautizado, Jesús oye la declaración celestial: «Tú eres mi Hijo el Amado», y entiende que ha sido designado para la obra mesiánica —esto es, llevar a la humanidad a la plenitud de la filiación con Dios. Ahora el diablo va a tentar a Jesús en relación a esta misma declaración. En su plena humanidad, el Hijo humanizado emprende su tarea en completa obediencia a Dios. En el poder del Espíritu Santo Jesús es llevado al desierto para así revivir la experiencia de Israel en el desierto durante el éxodo (Dt 8.2). Es importante tener en mente que el conflicto no es iniciado por el diablo; en todo es el Espíritu Santo quien está en control de la situación. Jesús está lleno del Espíritu Santo y es llevado por el Espíritu al desierto para ser tentado. El doble uso del vocablo «el Espíritu» no deja duda que Dios está a cargo de todos estos acontecimientos. Los evangelios sinópticos concuerdan con esto, aunque cada uno emplea términos diferentes para describir la obra del

Espíritu. En Mateo 4.1 Jesús es guiado (*anechthe*) por el Espíritu. Marcos prefiere un término más fuerte: el Espíritu «impulsó» (*ekballei*) a Jesús al desierto. En Lucas Jesús es llevado (*egeto*) por el Espíritu. Durante los 40 días Jesús es tentado (*perizomenos,* participio presente) continuamente. Las tres tentaciones que siguen pueden ser la culminación de este período, o ser sencillamente típicas de lo que ocurrió durante esos 40 días.

Como el representante de la humanidad y como Hijo obediente de Dios, Jesús se somete a la tentación para así confirmar su fidelidad. En la perspectiva bíblica, el pecado entra en la experiencia humana por el primer acto de desobediencia, cuando Adán (Gn 3), el representativo humano, cede ante la tentación del mandamiento de no comer del árbol del conocimiento del bien y del mal. El segundo Adán, Jesús (Rm 5.12-21) como representante de la humanidad, se somete a tentación por un período determinado. Estas dos escenas de tentación despliegan algunas semejanzas; pero existe gran contraste entre ellas. Jesús esta en ayuno por cuarenta días, Adán puede comer de todo lo que encuentra menos del árbol del conocimiento del bien y el mal. Jesús se encuentra en el desierto, lugar asociado con animales salvajes y donde, según las tradiciones judías, moran los demonios. Por su parte, Adán se encuentra en un paraíso. En cuanto al ambiente físico y a las circunstancias, Jesús está en gran desventaja. Es cuando Jesús se encuentra en esas circunstancias desventajosas que el diablo comienza su ataque espiritual.

«Si eres Hijo de Dios, di a esta piedra que se convierta en pan», dice el diablo. Jesús tiene hambre (la más básica de todas las necesidades humanas) y le es ofrecida la opción de proveer para sí mismo usando las habilidades innatas en él. El acto es sencillo —transformar una piedra en pan— y nos recuerda a los israelitas en el desierto, quienes se quejan al estar en necesidad de comida y Dios les da maná durante cuarenta años.

Algunos intérpretes sostienen que con esta tentación el diablo pone en duda la filiación divina de Jesús. Según estos, el diablo le dice que debe de estar seguro de su relación con Dios. En realidad la tentación es mucho más sutil de lo que sugiere esta interpretación. Nótese cómo Jesús combate la tentación. En respuesta Jesús cita Deuteronomio 8.3, indicando que él dependerá y confiará solamente en Dios Padre, aun para la provisión de sus necesidades básicas. Por lo tanto, el meollo de la tentación plantea la cuestión de en quién confiará el Mesías de Dios. Jesús confiará total e incondicionalmente en Dios. Hacia el final de su ministerio terrenal surge de nuevo la misma tentación cuando agonizando en Getsemaní Jesús ora diciendo que no es su propia voluntad la que él quiere seguir, sino la voluntad de Dios.

La segunda tentación (4.5-8) y la tercera (4.9-12) se encuentran en orden inverso en Mateo. Es muy difícil determinar cuál de los dos evangelios invierte el orden, ya que la tercera tentación en cada evangelio concuerda con énfasis teológicos particulares de ese evangelio. Mateo usa el símbolo de la montaña presentando a Jesús como un nuevo Moisés —otorgando mandamientos para el pueblo de Dios. Por su parte, el evangelio de Lucas (y los Hechos de los Apóstoles) utiliza el Templo para demostrar la continuidad del pueblo de Dios en la nueva comunidad de fe establecida por Jesús (la Iglesia).

En un monte alto el diablo le muestra a Jesús todos los reinos de la Tierra. Jesús será dueño de todos estos reinos, con solo postrarse ante el diablo y adorarle. ¿Cómo puede ser que el diablo tenga en su poder todos los reinos de la Tierra? La premisa detrás de esta declaración es que hasta que el Señor redima con su poder a la humanidad y sus reinos, estos están bajo el dominio del enemigo de Dios: el diablo. Desde la visita angelical anunciando la encarnación del Hijo de Dios, el lector está al tanto que la misión del Mesías es la redención de la humanidad. Aquí el diablo le ofrece a Jesús una alternativa al sufrimiento que tiene por delante como medio de realizar su misión. Jesús tendrá domino sobre todos los reinos, pero, ¡a qué precio! Nada menos que negar lo más esencial de todas las tradiciones judeocristianas. El acto de postrarse y adorar al enemigo sugeriría que hay otro ser en el universo digno de ser adorado. Jesús estaría aceptando al diablo como su soberano. Deuteronomio 6.4-5 afirma sin titubear que solamente Yahvé es Dios y que debemos amarle solamente a él. Jesús rechaza la oferta del diablo citando a Deuteronomio 6.13. En Juan 5.19, 30 y 6.38 Jesús expresa esta idea en términos diferentes: el Hijo no hace nada de su propia cuenta, sino lo que ve en el Padre, eso hace. En otras palabras, la soberanía de Dios Padre es absoluta.

El diablo conduce a Jesús (seguramente en visión como en los versículos anteriores) al lugar más público del judaísmo: el pináculo del Templo en Jerusalén. Con las multitudes de los fieles en actos de adoración y alabanza, es un lugar excelente para un espectáculo religioso que afirmará ante todos el mesianismo de Jesús. El diablo sugiere que si Jesús verdadera y totalmente depende de Dios, como afirmó en las respuestas anteriores, entonces puede lanzarse de tan alto lugar y nada le pasará, pues «a sus ángeles mandará acerca de ti, que te guarden» y «en las manos te sostendrán, para que no tropieces con tu pie en piedra». Estas citas del Salmo 91 sugieren que la esencia de la tentación es poner a prueba el cuidado divino y la confianza en Dios. El acto de citar pasajes bíblicos no es en sí mismo indicativo de aprobación divina. Jesús rechaza la oferta del diablo, pues de aceptar esto sería una presunción, ya que las Escrituras también dicen «no tentarás al Señor tu Dios». Acabada la tentación, el diablo se aleja de Jesús.

Ministerio en Galilea (4.14-9.50)

Capítulo 3

Bosquejo de la sección

A. Panorama del ministerio de Jesús 4.14-44
    1. Jesús principia su ministerio en Galilea 4.14-15
    2. Ejemplo de la predicación de Jesús 4.16-30
    3. Ejemplos del ministerio de Jesús 4.31-44
        a. Exorcismo de un espíritu inmundo 4.32-37
        b. Curación de la suegra de Pedro 4.38-39
        c. Muchos sanados y testimonio de los demonios 4.40-44
B. Selección de los discípulos 5.1-6.16
    1. La pesca milagrosa y el llamado de Pedro 5.1-11
    2. Curaciones con autoridad 5.12-26
        a. Un leproso 5.12-16
        b. Un paralítico 5.13-26
    3. Llamado de Leví 5.27-32
    4. Tres controversias 5.33-6.11
        a. Pregunta sobre el ayuno 5.33-39
        b. Pregunta sobre la recolección de espigas en el sábado
            6.1-5
        c. Pregunta sobre la curación en el sábado 6.6-11
    5. Elección de los doce apóstoles 6.12-16
C. Sermón del llano 6.17-49
    1. Introducción 6.17-19
    2. Bienaventuranzas y ayes 6.20-26

3. Amor hacia los enemigos 6.27-42

4. El árbol y sus frutos 6.43-45

5. Los dos cimientos 6.46-49

D. Senderos de fe, cuestiones cristológicas 7.1–8.3

    1. La fe del centurión 7.1-10

    2. Jesús resucita al hijo de la viuda de Naín 7.11-17

    3. Preguntas cristológicas de Juan el Bautista 7.18-35

        a. Los mensajeros de Juan el Bautista 7.18-23

        b. Opinión de Jesús acerca de Juan el Bautista 7.24-30

        c. Opinión de Jesús acerca de esta generación 7.21-35

    4. Un ejemplo de fe: una pecadora perdonada 7.36-50

    5. Ejemplos de fe: mujeres que sirven a Jesús 8.1-3

E. Llamado a la fe, revelación cristológica 8.4-9:17

    1. Parábola del sembrador 8.4-15

    2. Nada oculto que no haya de ser manifestado 8.16-18

    3. La verdadera familia de Jesús 8.19-21

    4. Autoridad de Jesús 8.22-9.17

        a. Sobre la naturaleza: Jesús calma la tempestad 8.22-25

        b. Sobre los demonios: el endemoniado gadareno 8.26-39

        c. Sobre las enfermedades y la muerte: la mujer con flujo de sangre y la hija de Jairo 8.40-56

        d. Poder y autoridad a los doce discípulos 9.1-6

        e. Pregunta de Herodes sobre Jesús 9.7-9

        f. Alimentación de los cinco mil 9.10-17

F. Confesión cristológica e instrucciones sobre el discipulado 9.18-50

    1. La confesión de Pedro 9.18-22

    2. El sufrimiento de Jesús y de sus discípulos 9.23-27

    3. La transfiguración 9.28-36

    4. Jesús sana a un muchacho endemoniado 9.37-50

A. Panorama del ministerio de Jesús (4.14-44)

1. Jesús principia su ministerio en Galilea (4.14-15)

En brevísimas palabras Lucas introduce el ministerio público de Jesús, enfatizando su carácter de enseñanza en círculos judíos. Habiendo concluido el episodio de la tentación en los alrededores de Jerusalén, Lucas se ve obligado a reubicar la historia llevándola a Galilea. Lucas menciona nuevamente la manifestación del Espíritu con poder y el resultado es que se difunde la fama de Jesús y los oyentes lo glorifican por sus palabras.

2. Ejemplo de la predicación de Jesús (4.16-30)

Este pasaje es representativo del ministerio de Jesús. Lucas presenta la apertura del plan divino anunciado por los profetas, y el papel de Jesús en ese plan como el Mesías prometido, quien invade el territorio del enemigo para pronunciar la llegada del Reino de Dios. También es representativa la reacción de los espectadores: maravillados, no creen lo que ven y dudan de la veracidad de las declaraciones de Jesús. Por lo tanto lo rechazan, lo cual constituye el primer episodio del rechazo de parte de los israelitas y de la aceptación de los gentiles.

Tras resumir el ministerio de Jesús en Galilea en términos generales, Lucas nos lleva ahora a un evento en particular. Encontrándose Jesús de nuevo en Nazaret, sigue con su costumbre de asistir a la sinagoga. El comentario lucano «conforme a su costumbre» refuta la mala reputación de Jesús como resultado de su enseñanza y su práctica de hacer obras los sábados. La mayoría de los episodios sabatinos en el evangelio concluyen en controversia. Jesús es un judío piadoso, pero para sus compatriotas su piedad se presenta en forma alarmante.

Aunque no tenemos muchos detalles de un servicio de adoración en las sinagogas neotestamentarias, sí es posible afirmar la estructura básica. El servicio consistía en la recitación del *shema* (Dt 6.4-9), oraciones, lecturas del Pentateuco y de los profetas, instrucción basada en una de estas lecturas y la bendición. Ofrecida la oportunidad, Jesús toma el rollo del profeta Isaías, y busca y encuentra la porción apropiada para su primera enseñanza. La cita que sigue viene de Isaías 61.1-2.

En el tiempo del Nuevo Testamento Isaías 61 indicaba el comienzo del año del jubileo para muchos en la comunidad de Qumrán (*IIQHMelq* 14; *IQH* 18.14.15) y para algunos en la comunidad cristiana naciente (*Ep. Bernabé* 14.9). Esta asociación no se subraya aquí tanto como el tema de la consolación («para dar buenas nuevas, sanar a los quebrantados, poner en libertad»). Originalmente la cita de Isaías se refiere al pueblo exiliado en Babilonia, anhelando el regreso a Israel. El profeta usa imágenes y palabras que indican que el retorno del exilio será un segundo éxodo, tema que ya hemos notado en Lucas. Concluida la lectura, Jesús se sienta y los congregados le observan esperando su exhortación.

En breves palabras Jesús declara que el día anunciado por Isaías se cumple en su persona. En otras palabras, que su ministerio es el cumplimiento de lo prometido en Isaías 61. Juzgando por el efecto en los oyentes («daban buen testimonio . . .») Lucas presenta el punto esencial del sermón, y no pretende que lo que dice sea la totalidad del sermón.

La reacción de los presentes es típica de lo que ocurrirá una y otra vez a lo largo del evangelio. Por una parte, el pueblo se maravilla ante las palabras (y luego las obras) de Jesús. Por otra parte, el pueblo se asombra, pues el linaje de Jesús es muy ordinario. Las raíces de incredulidad comienzan a ejercer su poder sobre quienes serán «tardos para oír (Heb 3) y rechazarán la gracia de Dios». Al no poder aceptar el mensaje y al mensajero, el pueblo desobedece al Señor, quien torna su mirada a otro pueblo que sí aceptará el mensaje de las buenas nuevas de salvación. Jesús afirma que ser rechazado por su propio pueblo es típico para todo profeta. Al referirse a la viuda de Serepta (1R 17) y al leproso Naamán (2 R 5) Jesús contiende que Dios pasará por alto a los hijos de Abraham y buscará el pueblo en el que cumplirá las palabras de Isaías 61. Al oír esto, los oyentes se llenan de ira. Llevan a Jesús a la cima de un risco para despeñarlo, mas Jesús pasa por medio de ellos y se escapa.

3. Ejemplos del ministerio de Jesús (4.31-44)
a. Exorcismo de un espíritu inmundo (4.32-37)

El primer milagro en el evangelio es una confrontación con un espíritu inmundo (endemoniado). La doble descripción («inmundo» y «endemoniado») no es común, y se interpreta de varias formas. Lo importante es que el hombre es poseído de un espíritu maligno en contraste con Jesús, quien está lleno del Espíritu Santo. El espíritu inmundo, que reconoce la verdadera identidad de Jesús, interrumpe la actividad de Jesús declarando que no tiene nada en común con Jesús y por lo tanto teme que este intente destruirle. En efecto, el demonio insinúa que Jesús no podrá echarle fuera sin destruir al pobre hombre también. Tras demandar silencio, Jesús reprende al demonio y le ordena dejar al hombre.

¿Por qué requiere Jesús que el endemoniado deje de dirigirse a él como «el Santo de Dios?». Las muchas explicaciones incluyen el rechazo de

45

pretensiones revolucionarias y la preferencia de dejar que sus propias obras testifiquen por sí mismas. Esta última opción tiene más mérito, ya que para los presentes en la sinagoga la aceptación de tal confesión resultaría en la opinión que Jesús está obrando bajo el mismo poder inmundo. Al ordenar silencio, Jesús se distancia del poder demoníaco y al mismo tiempo manifiesta autoridad sobre Satanás.

Combatiendo la orden de Jesús, el demonio derriba al hombre frente de la congregación, pero sus esfuerzos de hacer daño son en vano, y sale del hombre sin hacerle mal alguno. Jesús derrota el espíritu inmundo y a la vez protege al hombre. La reacción de los espectadores es paradigmática de otros milagros en los evangelios sinópticos. Lleno de maravilla el gentío medita en lo ocurrido, cuestionando en particular la autoridad de las palabras de Jesús. Como consecuencia su fama se difunde por todo lugar.

b. Curación de la suegra de Pedro (4.38-39)
Jesús sale de la sinagoga y va a casa de Simón Pedro. Allí encuentra a la suegra de Pedro sufriendo con alta fiebre. Jesús ora y la fiebre la deja.

c. Muchos sanados y testimonio de los demonios (4.40-44)
Estos versículos son un grandioso sumario de las poderosas obras de Jesús y su consecuente popularidad. El pueblo busca a Jesús, queriendo disfrutar de sus palabras y beneficiarse de sus obras. Pero Jesús expresa la necesidad de ir a otras ciudades y anunciar el evangelio del Reino de Dios.

B. Selección de los discípulos (5.1-6.16)

1. La pesca milagrosa y el llamado de Pedro (5.1-11)
Varios temas resaltan en el relato que sigue. El conocimiento de Jesús sobresale cuando les indica a los pescadores profesionales dónde encontrarán gran cantidad de peces. Al postrarse a los pies de Jesús, Pedro confiesa la grandeza de Jesús, aun en la pesca, en la que Pedro es experto. El llamamiento de un grupo especial de seguidores comienza aquí, y por lo tanto Lucas inicia aquí la nueva comunidad de fe. Pedro es el primero de muchos que seguirán al maestro.

La popularidad de Jesús, aludida en el capítulo 4, resulta en la necesidad de buscar el lugar más apropiado para enseñar al gentío que se aglomeraba alrededor de él. Vienen para «oír la palabra de Dios», esto es, para oír un mensaje basado en la revelación del Padre. Esta frase es importante para nuestro evangelista (Lc 8.11, 21) quien la aplica a la enseñanza apostólica en Hechos (Hch 4.31; 6.2; 8.14). La frase es rara en los otros evangelios sinópticos (Mc 7.13 y Mt 15.6). Jesús se encuentra en el «Lago de Genesaret», otro nombre para el Mar de Galilea. «Lago» es una descripción apta, ya que su tamaño es meramente de unos 14 por 24 kilómetros. La pesca dominaba la economía de la región. La muchedumbre es tal que Jesús no puede hablarles, pero ve dos barcas cerca, con sus ocupantes atareados con sus redes, pero aparentemente atentos a las palabras del maestro. Subiendo a la barca de Simón, Jesús le pide que se aparte un poco de la tierra para así dirigir sus palabras al gentío. Asumiendo la postura de los rabinos y maestros, Jesús se sienta para enseñar la palabra de Dios.

Cumplida su misión con la multitud, Jesús torna la atención a uno de sus oidores. Su primer mandamiento, «boga mar adentro», en segunda persona singular, va dirigido solamente a Pedro. La segunda orden, «echad vuestras redes» se dirige a los compañeros de Pedro quienes serán nombrados en el v. 10. Pedro expresa su confianza en Jesús al declarar que aunque ellos, pescadores profesionales, han obrado inútilmente toda la noche y ya han comenzado el proceso de limpiar sus redes, le obedecerán. Su confianza es recompensada inmediatamente, pues «recogieron tal cantidad de peces que su red se rompía». Por eso solicitan la ayuda de sus compañeros en la otra barca. La pesca es tal que parece que ambas barcas se hundirán.

Simón Pedro (cuyo nombre completo Lucas usa solamente en este caso) reacciona y cae de rodillas ante Jesús confesando la superioridad del maestro. Esta confesión contiene tres sugerencias de parte de Pedro. En primer lugar, le pide a Jesús que se aparte de él. El asombro del milagro resulta en gran temor. El estar conciente de la presencia de Dios y de su infinita bondad produce falta de valentía en las personas (Lc 1.13, 30; Is 6.1-6; Ez 1.1-2.3). Segundo, Pedro se arrodilla ante Jesús pues reconoce que es pecador. Aquí no encontramos una confesión de transgresiones en particular, sino un reconocimiento de su carácter ante la presencia divina. Las debilidades morales de la persona son expuestas al reconocer a

Dios. La presencia de Dios implica la presencia de poder, conocimiento y pureza. En tercer lugar, Pedro designa a Jesús como Señor. Con este título reconoce la autoridad. El uso del término «Señor» combinado con el acto de arrodillarse señala que al usar este título, Pedro entiende que es más que una formalidad de cortesía. Sin embargo, algunos opinan que con el título Pedro confiesa la deidad completa de Jesús. Puesto que Lucas. 8.25 presenta a los discípulos dialogando entre sí sobre la identidad de Jesús, creo que la intención de Pedro no es confesar a Jesús como Señor y Dios, aunque reconoce que de alguna manera inexplicable Dios está presente en el asombroso episodio. Jesús no reprende al autoproclamado pecador, sino calma su ansiedad —«no temas»— y le promete un nuevo oficio de ahora en adelante. Las palabras implican que Pedro y sus compañeros son aceptados por Jesús, y éste les invita a la pesca de seres humanos, la misión misma de Jesús. Al llegar a la ribera, los pescadores no toman en cuenta el gran éxito del día —una gran pesca en la bodega de las barcas— sino que lo dejan todo para estar con el maestro, cuyas palabras insinúan que la nueva profesión (la pesca de humanos) es mucho más importante que la presente. En nuestros días, hasta en el ministerio, hemos deificado el éxito basado en números y presupuestos; aquí encontramos que Pedro y sus socios, en la cumbre de su empresa —quizás jamás habían tenido tan buen resultado en todos los años de pesca— lo abandonan todo para seguir a Jesús.

2. Curaciones con autoridad (5.12-26)
a. Un leproso (5.12-16)

Los dos milagros no ocurren sin actos cuestionables. El leproso es sanado al toque de Jesús (por lo tanto, según la tradición judía la impiedad del primero pasó al último). El paralítico recibe perdón de pecados antes de recuperar el uso de sus extremidades (la primera acción es considerada blasfemia, y la segunda es posible solamente bajo aprobación divina). Las dos curaciones señalan el dilema ante aquellos testigos: ¿Cómo puede Jesús sanar a estas dos personas mientras sus acciones desobedecen las ordenanzas de Dios? Esta sección introduce la oposición a Jesús (aludida en el episodio en la sinagoga de Nazaret) y plantea la cuestión central desde aquí hasta 9.50: ¿Quién es este que dice que habla palabra de Dios?

Este episodio, con un condenado al ostracismo (un leproso), presenta una escena más común que la de del endemoniado en 4.33-37. La lepra es una enfermedad infecciosa crónica producida por el bacilo de Hansen. La enfermedad ocurre en diversas formas y se caracteriza principalmente por síntomas cutáneos y nerviosos, sobre todo tubérculos, manchas, úlceras y falta de sensibilidad. Levítico13 y 14 describe la lepra, sus síntomas y señales, el procedimiento para diagnosticarla, los preceptos y las leyes para los leprosos y la descripción de la ceremonia para su purificación y la limpieza. Debido al carácter infeccioso de su enfermedad, los leprosos vivían aislados (Lv 13.45-46), y cuando estaban en los pueblos y aldeas debían anunciar su condición para así evitar infectar a otros. Este ostracismo se agravaba por la asociación de la lepra con el pecado. Los leprosos por tanto vivían como muertos. Aunque Levítico 14 indica cómo los sacerdotes podían reconocer la curación de un leproso, no enseña ni recomienda la curación de la lepra. Así que este hombre, al acercarse a Jesús y declarar que lo único que impide su curación es la voluntad del maestro, demuestra no solamente su fe en el poder sanador de Jesús, sino también su desesperación. Estaba dispuesto a experimentar un ostracismo aún más severo al que actualmente sufría.

El leproso se acerca a Jesús en humildad, se postra en su presencia, lo designa «Señor» y le ruega por su sanidad. La petición del leproso gira alrededor de la buena disposición de Jesús, y sin saber lo que Jesús haría no duda de su capacidad de sanarle. Jesús responde a su petición sorprendentemente con un leve toque y de inmediato el hombre es sanado. Una palabra de Jesús hubiera sido suficiente para sanarle. Aunque el leproso no se lo pidió, Jesús le tocó para así no dejar en duda el poder que residía en él, y al mismo tiempo sembrar la semilla del dilema que confrontarán todos los que encontrarán a Jesús. El hombre debe ahora cumplir las ordenanzas de la ley para así dar testimonio de su curación. El milagro resulta en más fama para Jesús y muchos más le buscan para ser sanados. No obstante su fama, Jesús busca lugares desiertos para mantener su comunión con el Padre.

b. Un paralítico (5.13-26)

Nuevamente, en un tiempo y lugar indeterminado, Lucas nos presenta a Jesús enseñando rodeado de un gentío. Mientras que Marcos (2.1) indica que el milagro tiene lugar en Capernaúm, Lucas no da tales detalles. Esta vez encontramos nuevos grupos que tendrán un papel importantísimo en la historia de Jesús: los fariseos y doctores de la Ley. Estos vienen de los alrededores y hasta de lugares tan lejanos como Jerusalén. Los líderes religiosos muestran interés en las actividades de Jesús. Los fariseos eran uno de los cuatro grupos principales del judaísmo. Los saduceos, los esenios, y los celotes eran los otros. Según Josefo (*Ant.* 13.5.9§171; 13.10.6), eran laicos celosos por las costumbres mosaicas dedicados a mantener la fidelidad de Israel a la Ley. Con este objetivo desarrollaron tradiciones para preservar la aplicación de la Ley en las condiciones de la vida cotidiana no mencionadas en la Ley misma. Los doctores de la Ley (literalmente: maestros de la Ley) eran escribas estudiosos de la Ley que apoyaban la tradición fariseica, y ocasionalmente se mencionan en relación con los sacerdotes principales (Lc 9.22; 19.47; 20.1; 22.2). La presencia de tales oficiales en este episodio muestra que las autoridades religiosas tomaron en serio los informes acerca de los hechos de Jesús. Están al tanto de esas actividades, y de aquí en adelante les prestarán cuidadosa atención. Lucas añade otro detalle: «el poder del Señor estaba con él para sanar».

De repente unos hombres cargando a un paralítico entran en la escena. Su propósito es llevarlo ante la presencia del maestro para que Jesús le sane. Impedidos por el gentío, aparentemente tan involucrado en las palabras pronunciadas por el maestro que no le presta atención a la necesidad del paralítico, suben al techo, hacen una brecha suficientemente grande para acomodar al hombre en su camilla, y lo bajan ante la presencia de Jesús.

Lucas nota la fe (*pistis*) de los hombres al insistir en presentar al paralítico ante el maestro. Este es el primer uso del término «fe» en este evangelio, y en este contexto expresa la confianza en que Jesús puede satisfacer la necesidad del paralítico. Confían en la autoridad y la buena voluntad de Jesús para sanar. Pronto verán cuánta autoridad posee Jesús no solamente para sanar, sino mucho más de lo que hasta la fe de ellos podría imaginar.

Notando la fe de los amigos, Jesús declara al paralítico: «Hombre, tus pecados te son perdonados». El vocablo traducido como «perdonados» es clave para Lucas. La voz pasiva indica que el hombre simplemente recibe gratuitamente el perdón y su sanidad, mientras que el tiempo perfecto enfatiza el estado de perdón en que el hombre ahora se encuentra por la declaración de Jesús. Basándose en esta declaración y en varios textos judíos que conectan la parálisis con el pecado (1 Mac 9.55; 2 Mac 3.22-28; 3 Mac 2.22), algunos opinan que Jesús atribuyó la enfermedad del paralítico a su pecado. Sin embargo, Juan 9.1-3 muestra que Jesús no acepta tal asociación, y sería mejor entender aquí una referencia a las consecuencias generales del pecado sobre la creación. Por cierto, Jesús afirma que él puede revertir la condición del paralítico. Esta afirmación claramente indica que Jesús comienza a revelar el verdadero significado de su misión y de su persona. Él vino para ofrecerle a la humanidad el perdón del pecado. El entendimiento de esta declaración vendrá en etapas. Al presente causa cierta reacción entre los expertos religiosos allí congregados, quienes niegan la autoridad de Jesús para perdonar diciendo: «¿Quién es este que habla blasfemias? ¿Quién puede perdonar pecados, sino solo Dios?». Sus palabras revelan lo verdaderamente importante en la controversia: ¿Quién será este que actúa como si tuviese derechos divinos? Tal presunción por parte de cualquier humano era blasfema. Las acciones y palabras injuriosas e irreverentes son vistas como blasfemia en las Escrituras. No estamos muy claros sobre lo que los judíos consideraban como blasfemia en el primer siglo, ya que la mayor parte de la evidencia literaria es tardía. La Misná sugiere que para blasfemar uno tiene que usar el nombre divino, mientras otras evidencias consideran que la blasfemia es simplemente la violación de la majestad de Dios (m.Ker 1.112). Por lo tanto, en este episodio nada menos que la persona misma de Jesús es la controversia, y así será por el resto del evangelio. El cargo de blasfemia es serio y formará la base para la acusación contra Jesús ante los líderes religiosos. En este caso, el análisis de los escribas y los fariseos es correcto, ya que Jesús está reclamando para sí mismo prerrogativas divinas. Sin embargo, su conclusión es errónea, como la acción milagrosa que sigue mostrará.

Jesús, al tanto de los pensamientos de sus acusadores, les presenta un dilema, preguntándoles por qué cuestionan sus palabras. ¿Qué es más fácil, decir lo que es visualmente difícil de comprobar (perdonar los pecados), o decir aquello que es fácil de comprobar (sanar la enfermedad del paralítico)? La respuesta es obvia: es mucho más fácil decir «tus pecados te son perdonados», ya que los testigos no pueden verificarlo. Para que puedan creer lo que es más fácil decir que comprobar, Jesús añade: «pues para que sepáis que el Hijo del hombre tiene potestad en la Tierra para perdonar pecados», entonces, le dice al paralítico: «levántate, toma tu camilla y vete a tu casa». La reacción del paralítico es inmediata y Lucas narra el evento con sencillez. El hombre se levanta, toma su camilla y sale para su casa glorificando a Dios. De repente, el asombro toma el control de aquellos allí reunidos y glorifican a Dios también. En el Evangelio de Lucas, la frase «glorificar a Dios» es típica de cómo las personas responden al experimentar la presencia de Dios. Lo único que pueden decir es «hoy hemos visto maravillas». ¿A cuál maravilla se refieren: al perdón de pecados o a la sanidad del paralítico? La maravillosa gracia de Dios nos ofrece gratuitamente el perdón de nuestros pecados. Por eso nos unimos a los personajes bíblicos y glorificamos a Dios.

3. Llamado de Leví (5.27-32)

La reacción de los escribas y fariseos es típica de quienes basan religiosidad en sentirse buenos y justos. La invitación al discipulado está abierta a toda persona, independientemente de su pasado o manera de vivir, pues Jesús vino a llamar a los pecadores al arrepentimiento. Jesús modela aquí para la nueva comunidad de fe el modo en que ha de operar. La iglesia debe buscar a aquellas personas que son desechadas por la sociedad, y asociarse con ellas, aunque tal asociación resulte en censura de parte de los fariseos de hoy día.

4. Tres controversias (5.33–6.11)
a. Pregunta sobre el ayuno (5.33-39)

La asociación de Jesús con publicanos y otros pecadores es una violación de ciertas prácticas religiosas. Los religiosos de su día veían que Jesús ni ayunaba ni oraba. Es difícil para los modernos entender claramente la enormidad de la controversia, pues el ayuno y la oración están en la periferia del cristianismo. El ayuno y la oración eran de gran estima en la religiosidad judaica. En el Día de Expiación se proclamaba ayuno (Lv 16.29-34). Zacarías 7.5 y 8.19 conmemoran con ayuno la destrucción de Jerusalén. El ayuno y la oración eran parte de los ritos de penitencia (1R 21.27) y de luto (Ester 4.3). En el capítulo uno encontramos a Zacarías y al pueblo judío orando por la nación. Ya en el primer siglo, los fariseos habían incorporado el ayuno como práctica semanal, y ayunaban los lunes y los jueves con regularidad. Los discípulos de Juan el Bautista ayunaban de acuerdo a la enseñanza de su maestro (Lc 7.33). El contexto religioso dictaba que cualquier persona que se designase líder religioso debería practicar ayuno, oración, y otros actos piadosos. La asociación con Leví y sus socios enfatiza este aparente defecto en el maestro. Jesús no solamente se asocia con los pecadores, sino que ni siquiera ayuna ni ora. Sin embargo, Jesús mismo sí ayunaba y oraba (Mc 1:35; Lc 3.21; 4.2; 5.16; 9.18; 9.21; 11;1) aunque aparentemente en secreto, ante ninguna otra persona excepto los más cercanos.

Jesús responde a las inquietudes de los líderes religiosos con una pregunta metafórica. La imagen de las bodas trae a la mente la relación de Dios con su pueblo y el tiempo mesiánico (Is 54.5-6; Jer 2.2; Os 2.14-23). Verdaderamente el tiempo del fin se ha acercado. El tiempo de Jesús es cuando el novio está presente, es tiempo de regocijo. Mientras él esté presente sus discípulos no ayunarán. Sin embargo, Jesús afirma, cuando el esposo no esté presente, entonces ayunarán. Con estas palabras Jesús apoya la práctica del ayuno entre sus seguidores.

Una parábola breve pero iluminadora concluye el episodio. La nueva comunidad de fe iniciada por Jesús es como un pedazo de tela nuevo y como el vino nuevo. Quien añade un remiendo nuevo a un vestido viejo asegura la pérdida de ambos. Igualmente, quien echa vino nuevo en odres viejos. Se destruye el odre y se pierde el vino. Con estos dichos parabólicos Jesús declara que la vida que él ofrece no puede sincretizarse con las tradiciones del judaísmo. Tal esfuerzo resultaría en la destrucción de ambos. El que haya experimentado la nueva vida en Jesús no puede regresar a la anterior.

b. Pregunta sobre la recolección de espigas en el sábado (6.1-5)

Las controversias con los líderes religiosos continúan en el capítulo 6. Ahora el punto de disputa es la observancia del sábado. En su respuesta respecto al ayuno y a la oración Jesús dice que mientras él (el esposo) esté presente, es tiempo de celebración, ya que en él se inaugura la era mesiánica. El vino nuevo de Jesús ofrece una interpretación nueva del sábado. Una vez más, estos episodios sirven para obligar al pueblo a considerar la identidad de Jesús. Tristemente la decisión de los fariseos y escribas no es positiva, pues consideran cómo silenciar a Jesús.

La observación del sábado por medio del cese de trabajo era una de las tradiciones judías más antiguas y, junto a la circuncisión, una de las que más visiblemente distinguía a los judíos de los gentiles en el Imperio Romano. Aunque en el Antiguo Testamento el trabajo que estaba prohibido en el sábado era bastante general (véase Ex 20.8-10), en el tiempo post-exílico esta obligación se convierte en un fin en sí misma. En la era neotestamentaria la tradición había fomentado una interpretación estricta de lo que significaba el día de descanso y lo que se clasificaba como trabajo. La tradición judaica, tomando en cuenta la propensión pecaminosa de la humanidad, edifica una cerca alrededor de la Ley y así asegura la obediencia a la misma. Por tanto, encontramos que la Misná dedica un tratado a identificar lo que no se permite hacer el sábado (m.Sab 7.2). Las llamadas «cuarenta reglas menos una» prohíben 39 actividades en el día de descanso. Por ejemplo, segar en el sábado estaba explícitamente prohibido; mas a este mandamiento la tradición añade la prohibición de arrancar espigas. En este episodio, los discípulos al arrancar y restregar las espigas violaban cuatro actividades prohibidas por las tradiciones: segaban, desgranaban, despajaban y preparaban comidas. Jesús, como su maestro, era responsable por sus actividades, ya que se suponía que ellos seguían su ejemplo (m.Hag 1.8).

La respuesta de Jesús emplea las Escrituras, arma favorita de los fariseos, citando una excepción bien conocida, aunque no hay referencia al sábado en el relato del Antiguo Testamento. El tono es irónico: «¿Ni aun esto habéis leído . . .?», e implica que la actividad de los discípulos se justifica por las Escrituras. El venerado David, en un momento de necesidad física, entra al santuario en Nob y le pide de comer al sacerdote Ahimelec. Este responde que solo tiene pan sagrado (pan de la proposición) y está dispuesto a dárselo a David y a sus hombres si es que ellos «se han guardado por lo menos de tratos con mujeres», dejando a un lado el mandamiento en Levítico 24.5-9, por el cual solamente Aarón y su descendencia podían comer de este pan. Era algo muy sagrado. David le asegura que por lo menos dos días han pasado desde que estuvieron con mujeres. Jesús insinúa la audacia de David al decir que «entró en la casa de Dios y tomó los panes de la proposición, de los cuales no es lícito comer sino solo a los sacerdotes, y comió, y dio también a los que estaban con él». El episodio concluye con un dicho sobre el Hijo del hombre que señala cierta dignidad por encima de las regulaciones escriturales.

c. Pregunta sobre la curación en el sábado (6.6-11)

La controversia sobre la observacia del sábado continúa en una sinagoga. La escena insinúa la obediencia de Jesús a la Ley. Se encuentra en la sinagoga un hombre que tenía seca la mano derecha. La capacidad de proveer para sí mismo y para su familia está severamente limitada para este individuo, aunque no se encuentra en peligro mortal. La obra médica, sanar enfermos, estaba prohibida en el sábado a menos que la persona estuviese en peligro de muerte, en alumbramiento o cuando una circuncisión era necesaria. A las comadronas se les permitía trabajar el sábado. Las intenciones de los escribas y fariseos están escondidas en lo secreto de sus mentes. Sin embargo, Jesús sin rodeos llega al tema en disputa. Con el hombre de pie en medio de la congregación Jesús desafía la respuesta de sus adversarios proclamando: «Os preguntaré una cosa: en sábado, ¿es lícito hacer bien o hacer mal?, ¿salvar la vida o quitarla?». Brevemente Jesús solicita respuesta mirando a su alrededor. Lucas ablanda el relato de Marcos al eliminar la frase «mirándolos alrededor con enojo, entristecido por la dureza de sus corazones». El propósito de este cambio no es hacernos pensar mejor acerca de los fariseos, sino evitar la impresión de una actitud pecaminosa en Jesús. No habiendo persona apta y dispuesta para contestar el reto, Jesús restaura vitalidad a la mano seca con mínimo esfuerzo físico, sencillamente mediante su palabra. Jesús ejerce el poder de la palabra en la sinagoga, lo cual sugiere aprobación divina. La reacción de los adversarios es de furia, y comienzan a conspirar contra Jesús.

5. Elección de los doce apóstoles (6.12-16)

La selección de los doce apóstoles se narra brevemente y le sigue la lista de los doce. Hay algunas peculiaridades en el relato en Lucas. Primero, Lucas nota que antes de seleccionar a los doce, Jesús pasó la noche en oración. El vocablo griego usado (*dianyktereuon*) sugiere que Jesús estaba en vigilia, orando toda la noche. La decisión es divinamente aprobada como resultado de esta vigilia. Del Señor la iglesia primitiva aprendió el valor de la oración antes de tomar decisiones importantes (Hch 6.6; 13.2-3; 14.23; 1Ti 4.14; 2Ti 1.16). Segundo, solamente Lucas menciona que hay un grupo mayor de discípulos, y Jesús selecciona a doce de entre estos. Por último, solamente en Lucas Jesús explícita y directamente designa a los doce apóstoles, en Mateo la referencia es editorial. El significado del vocablo apóstol es debatido. El vocablo apostolos (apóstol) no es común en el Nuevo Testamento. Mateo 10:2 y Marcos 6.30 usan el vocablo solamente una vez, mientras Lucas lo emplea 6 veces. El uso en Lucas es resultado de su interés en la historia de la iglesia. En ciertos pasajes en el Nuevo Testamento, el término se usa con el sentido general de un mensajero comisionado y se aplica a otras personas aparte de los doce (Hch 14.4; Ro 16.7). Doce son seleccionados en paralelismo a las doce tribus de Israel, y la nueva comunidad de fe toma su lugar al lado del Israel en el Antiguo Testamento como pueblo de Dios. Es importante aclarar que esto no significa que la nueva comunidad de Dios (la Iglesia) reemplaza completa y totalmente al Israel como el pueblo escogido de Dios. Es mejor entender la nueva comunidad en continuidad con el pueblo del Antiguo Testamento.

C. El sermón del llano (6.17-49)

El discurso que sigue corresponde en varios aspectos al sermón del monte (Mt 5-7). No obstante debemos notar que existen numerosas e importantes diferencias. La versión lucana es mucho más breve (32 vv.) que la mateana (107 vv.). El material que se encuentra en Mateo 5-7 aparece en el viaje a Jerusalén (34 vv. se encuentran en Lc 9.51-19.27), donde Lucas presenta la enseñanza acerca del discipulado en su evangelio. En Lucas Jesús se dirige directamente a sus discípulos, «vosotros los pobres», mientras en Mateo es más general, «los pobres». El discurso en Lucas tiene cuatro bienaventuranzas mientras Mateo tiene ocho. Pero Lucas equilibra y expande el significado de las bienaventuranzas al incluir cuatro amenazas (ayes) contra quienes no son discípulos. El orden de las cuatro bienaventuranzas en común difiere. Si aceptamos a Mateo como base, el orden en Lucas es 1, 4, 2 y 8 (los pobres, los hambrientos, los que lloran, los perseguidos). Lucas no añade el calificativo «en espíritu» al sustantivo «los pobres». Tanto Mateo como Lucas dan la impresión que el sermón fue un solo discurso pronunciado por Jesús en una ocasión. Partiendo de Lucas, quien esparce enseñanzas del discurso a través de su evangelio, es mejor leer ambos como una recopilación de dichos del Señor pronunciados en diferentes ocasiones. Estos dichos fueron preservados originalmente en arameo (el idioma en que fueron pronunciados), luego fueron codificados en el documento «Q». (Hay más de 200 versículos comunes a Mateo y Lucas que faltan en Marcos. Este fenómeno ha dado origen a la hipótesis de que estos dos evangelistas tuvieron a su disposición un documento que los eruditos llaman «Q», que es la letra inicial del vocablo alemán Quelle, fuente. Mateo y Lucas adaptan este material según sus propios planes).

1. Introducción (6.17-19)

Esto es un resumen que cumple la doble función de pintar en brochazos la popularidad de Jesús y hacer transición al sermón del llano. El gentío que acompaña a Jesús en los siguientes versículos consiste de tres grupos. El primero son los recién designados apóstoles («ellos»), quienes descienden de la montaña con Jesús. El segundo grupo son todos de los discípulos. Por último, hay una gran multitud de todas las regiones vecinas. Innumerables personas enfermas y muchos atormentados por espíritus impuros fueron sanados.

2. Bienaventuranzas y ayes (6.20-26)

Cada una de las bienaventuranzas y ayes está constituida por dos elementos: el primero enuncia un estado o condición; el segundo expresa una promesa que invierte la condición o estado. El versículo 20a aclara que los destinatarios de la enseñanza de Jesús son sus seguidores, (discípulos y quienes quieren ser discípulos), no la multitud de curiosos ni quienes solamente buscan sanidad física. Los ayes funcionan en este caso como contrastes con los verdaderos discípulos. Ser bienaventurado en el mundo de entonces se refiere a un estado de felicidad interna por buena fortuna (de acuerdo a los paganos) o por gracia divina (judíos).

Hay tres peculiaridades en la primera bienaventuranza. Aparentemente se refiere a un estado, se pronuncia en segunda persona y el tiempo es presente. La bendición pronunciada no es futura, sino que existe ahora mismo. ¿Quiénes son estos pobres (*ptochois*) que poseen el Reino de Dios? Los pobres como grupo aparecen en Lucas 4.18 en la cita de Isaías 61.1 refiriéndose a quienes se les predicaban las buenas nuevas. Esta referencia no es solo un término socioeconómico, sino que tiene además un sentido espiritual. Sugiere una referencia a los pobres que dependen de Dios.

En Lucas las bienaventuranzas van seguidas de los ayes o amenazas contra los ricos (6.24-26). Mediante el empleo de la segunda persona («vosotros, los pobres») la primera bienaventuranza apunta a la pobreza que está implicada en el seguimiento de Jesús: quien cree en el Hijo ve cumplidas todas las promesas que Dios ha hecho a los pobres y a los que sufren, a los desdichados y a los humillados (Is 57.15; 61.1), a los que lloran y a los que padecen hambre. Al principio de la predicación de Jesús, en 4.18, Lucas cita Isaías 61.1, y así comienza su acérrima polémica contra los ricos. Luego en 14.13 Jesús exhorta a sus seguidores a invitar al banquete a los pobres y a quienes no pueden invitarles a ellos. Los que así hagan recibirán la recompensa escatológica. En la parábola de la gran cena los pobres son también los invitados que sustituyen a los que no han acudido (14.21). En 16.20ss, el desdichado Lázaro es el prototipo del pobre acogido por Dios. El rico que no tuvo compasión de él es condenado por Dios. Finalmente, Zaqueo, después de su conversión, da la mitad de sus bienes a los pobres (19.8) expresando con ello su acción de gracias por la solidaridad salvífica de Jesús con los desdichados.

Las próximas dos bienaventuranzas tratan sobre las consecuencias de ser pobres: hambre y llanto. Se debe tener en cuenta que el término «tener hambre» tiene dimensiones socioeconómicas y religiosas, y que olvidarse de cualquiera de ellas puede resultar en interpretaciones erróneas. La bienaventuranza del pobre no debe entenderse de tal manera que todo pobre sea bienaventurado por su sola condición socioeconómica sin considerar su estado religioso, esto es, si deposita toda su confianza en Dios. Los pobres por su misma condición socioeconómica dependen de Dios para todo, ya que no tienen ningún otro recurso.

La cuarta bienaventuranza muestra la base espiritual de todas las bienaventuranzas y nos alerta a no entenderlas meramente en términos socioeconómicos. La oposición a estos pobres, sufridos y hambrientos es por causa del Hijo del hombre. Pero la confesión del Hijo del hombre resulta en bendiciones.

El rechazo que los discípulos han de recibir se describe por medio de cuatro ideas verbales que presentan el incremento gradual de la oposición: os odien, os aparten de sí, os insulten y os desechen. Paradójicamente, el rechazo conduce a bendiciones y gozo. La actitud de gozo en medio de la persecución es uno de los temas centrales en Lucas-Hechos.

«Ay» introduce una expresión de lástima y conmiseración hacia aquellos bajo juicio y condena. El «ay» es una forma literaria común en los profetas del Antiguo Testamento (Is 1.4s; 5.8-23; 10.5s; Am 5.18; Hab 2.6). Hay que tener lástima de los ricos porque ya tienen su consuelo. La palabra traducida «tenéis» se usaba en el mercado para indicar que se había cancelado totalmente una deuda y por tanto no se podía reclamar más del deudor. En este contexto tiene el sentido de que los ricos (como también los saciados, los que ríen y los que tienen buena reputación) ya han recibido su recompensa, no tienen nada más que esperar en el futuro. En Mateo 6.2 la misma palabra se traduce «ya tienen su recompensa», es decir, todo lo que merecen lo obtienen aquí en la Tierra. Desde el punto de vista meramente humano es decir, sin considerar la manifestación del Reino de Dios la condición de los discípulos es lamentable. Pero Jesús les advierte que lo meramente humano, lo visible, no es la palabra final. El Reino de Dios se manifestará, y entonces se verá la lamentable realidad de quienes en esta vida decidieron rechazar a Jesús y tenerlo todo al instante.

3. Amor hacia los enemigos (6.27-42)

Estos versículos y los que siguen son el corazón de este discurso y contienen algunos de los dichos más reconocidos de Jesús: amor al enemigo, obediencia pasiva (la no violencia), la regla de oro. Estos dichos giran alrededor de un tema central: el amor que los seguidores de Jesús deben mostrar. Este amor ha de ser heroico, digno de quien ha experimentado el perdón de Dios. El conjunto de dichos está unido cuidadosamente, y desarrolla el tema hasta su culminación en el acto de dar con medida buena, apretada y rebosando, la cual regresará al discípulo. Amor al prójimo se subraya a través de cuatro imperativos reiterativos: amad, haced bien, bendecid, orad. Sigue el llamado a renunciar a la resistencia violenta a través de cuatro imperativos: al que te hiera en una mejilla preséntale también la otra, al que te quite la capa, no le niegues la túnica, al que te pida dale, al que tome lo tuyo no le pidas que te lo devuelva. La regla de oro resume la enseñanza de Jesús: haz con otros como quieres que te hagan.

La exhortación de amar al prójimo se refuerza mediante una comparación con los pecadores. Aun ellos, advierte Jesús, responden con amor cuando esperan beneficiarse por ello. ¡No así los seguidores de Jesús! Los tales harán bien sin esperar nada, y entonces serán hijos del Altísimo, como Jesús.

Ser hijos del Altísimo requiere que nos comportemos como Dios actúa: siendo misericordiosos y ajenos al juicio y la condena; perdonando como

Dios nos perdonó; abriendo nuestros corazones para dar de la abundancia que Dios nos ha dado; demostrando que Dios nos ha medido a través de la gracia, pues a través de la gracia damos a otros.

El discurso del llano concluye con tres dichos parabólicos que sirven para la introspección de los discípulos. La ineficacia del guía ciego resulta en la ruina de ambos viajeros. Jesús llama a sus discípulos a examinar sus vidas y a darse cuenta que solamente él puede guiarlos. El punto es que si tratas por tu propia cuenta de dirigir tu vida espiritual y guiar a otros, estás en grave peligro. Jesús advierte en contra de la autosuficiencia y la arrogancia. Hay que evitar la influencia de los falsos maestros; pero uno puede engañarse a sí mismo, así que no puede confiar en sus propias habilidades. Ya que el discípulo no puede ser superior a su maestro, hay que tener cuidado a quién se escoge por maestro; particularmente si el objetivo es ser perfeccionado. Cualquier guía que no es ya perfeccionado es un guía ciego y causará gran ruina para quien dependa de él.

Por eso no puedes servir de guía para otros al notar que tienen una falta. Antes de hacer notoria la falta de tu hermano, asegúrate de ti mismo. El cuadro presenta un contraste sencillo: tu prójimo tiene una paja (*kapos*) en el ojo, mientras tu tienes una viga (*dokos*, la viga central de un edificio). El discípulo no debe exponer la falta insignificante en otros, cuando él tiene faltas mayores. Sacar primero la viga en el ojo insinúa que la prioridad del discípulo es su propia introspección (esto es, su relación con el maestro) en vez de su condición relativa a otros.

4. El árbol y sus frutos (6.43-45)

La próxima unidad parabólica señala que lo que la persona produce en su vida refleja lo que es espiritualmente. El buen árbol produce buen fruto, mientras que el árbol malo produce fruto malo. Lo opuesto es imposible. El árbol malo no puede producir buen fruto ni el árbol bueno producir fruto malo. El fruto proviene del tesoro del corazón: si el corazón es bueno, la persona producirá buenos frutos. El corazón es responsable de las palabras que brotan de nuestras bocas.

5. Los dos cimientos (6.46-49)

La última unidad es una seria advertencia respecto a la obediencia. La comparación es de dos tipos de personas. Una edificó su casa sobre la roca (la persona que pone en práctica las enseñanzas del maestro), y la otra sobre la arena (quien solamente oye el mensaje pero no lo práctica). La inundación en la vida no puede destruir la casa de quien edificó sobre la roca. Quien festinadamente edifica sobre la arena encuentra que su casa se vuelve una ruina total cuando llega la tempestad. Luego, esta sección concluye el discurso exhortando a los discípulos a la introspección: ¿Serán ustedes discípulos que ponen en práctica la ética del amor que Jesús pronuncia en este discurso, o simplemente se desentenderán de la admonición del maestro?

D. Senderos de fe y cuestiones cristológicas (7.1-8.3)

La identidad del Mesías y el tema fe en Jesús ocupan el centro de la escena en 7.1-8.3. La primera unidad (7.1-10) es el relato de la fe del centurión. Los vv. 11-35 presentan dos relatos que clarifican la identidad de Jesús. El encuentro con la viuda de Naín (11-17) identifica a Jesús como el «gran profeta» que se ha levantado en Israel. Las alusiones a los profetas Elías y Eliseo abundan en el episodio. Desde la prisión, Juan el bautista envía emisarios indagando sobre la identidad mesiánica de Jesús. La respuesta se pronuncia a la luz de Isaías 4, y llama a los emisarios a observar e interpretar los hechos milagrosos que acompañan la predicación de Jesús. En Jesús Dios visita a su pueblo. La sección concluye describiendo el encuentro de Jesús con varias mujeres. El relato más detallado narra la historia de la mujer pecadora que unge a Jesús en casa del atónito fariseo. El Señor indica que la mujer está demostrando su gratitud y amor por la gracia inmerecida que ha recibido. Sus muchos pecados le son perdonados.

La fe y la identidad son los puntos clave de este capítulo. Pero notamos también los diferentes tipos de personas que responden con fe al reconocer la verdadera identidad de Jesús. El centurión no era judío y representaba el poder opresivo que todo imperio ejerce sobre sus súbditos. Su fe resulta en la admiración de Jesús mismo: jamás se ha visto tal fe en Israel. Los desdichados responden con gozo al ser recipientes de la gracia de Dios. Una viuda en procesión fúnebre recibe en vida al hijo que iba a enterrar. Los emisarios de Juan el Bautista son testigos de que Dios está visitando con poder a los enfermos, endemoniados, ciegos y pobres. La mujer que unge a Jesús recibe perdón de pecados. En otras palabras, encontramos que en Jesús las paredes que separan y aíslan a las personas son derribadas.

Las diferencias raciales y culturales (el centurión), socioeconómicas (los pobres) y de género (las mujeres), quedan a un lado.

1. La fe del centurión (7.1-10)

Este es uno de los pocos pasajes narrativos que aparecen en Lucas y Mateo, pero no en Marcos. Basándose en semejanzas verbales entre este pasaje (y su paralelo en Mt) y Juan 4.46-54, muchos piensan que los dos eventos son en realidad uno. Pero existen también significantes diferencias entre los relatos. Juan menciona Caná y Capernaúm, mientras que Lucas y Mateo mencionan solamente Capernaúm. En Juan, el oficial mismo se acerca a Jesús; en Lucas y Mateo hay una delegación que representa al centurión. En Lucas y Mateo Jesús se acerca a la casa del siervo enfermo, mientras que en Juan Jesús pronuncia un reproche antes de partir para la casa del oficial. Finalmente, hay una gran diferencia que no es fácil echar de lado: el centurión se declara indigno de ser visitado por Jesús y pide una curación a distancia. Por el contrario, en Juan el oficial del rey insiste en que Jesús venga a su casa. Jesús, sin embargo, pronuncia la palabra de curación a distancia (ausente en Lc). Finalmente, notamos que Jesús después de escuchar las palabras del centurión, a través de su segunda intervención, elogia la fe del centurión. Tal escena no se encuentra en Juan. Por lo tanto, concluimos que los relatos de Juan 4.46-54 y Lucas 7.1-10 son dos eventos diferentes pero con algunas semejanzas, como se esperaría al narrar milagros en la vida de Jesús. Lo que sí es semejante en los dos relatos es que Jesús sana aun estando físicamente ausente.

Aunque la etnicidad del centurión no se señala, 7.9 aclara que no es judío. Este gentil se ha ganado el respeto de los judíos por su magnificencia al edificar una sinagoga para ellos. Quizás el hombre es uno de los gentiles llamados «temerosos de Dios», personas atraídas por las costumbres y creencias judías, pero no convertidas al judaísmo. Estos «temerosos de Dios» tendrán un lugar importante en el crecimiento del cristianismo primitivo. La delegación de judíos considera que el hombre es digno de recibir respuesta a su insinuada petición y sugiere que Jesús visite la casa del centurión. Lucas nos señala tres puntos importantes sobre los emisarios judíos. Primero, muestra cómo judíos y gentiles pueden tener respeto mutuo y vivir lado a lado en armonía. Esto es un tema importante en Lucas-Hechos. Segundo, al usar el vocablo griego *ioudaion*, judíos, Lucas muestra su propia etnicidad, ya que solamente los gentiles usaban este término para referirse a los judíos. Tercero, al enviar emisarios, el centurión no aparece en todo el relato y por tanto su fe es modelo para los que ejercitarán la fe en Jesús sin haberlo visto.

Jesús se dirige a la casa para obrar un milagro, pero ya cerca de la casa recibe una nueva intervención. Ignorando el elogio de los ancianos en cuanto a su dignidad, el centurión reconoce que no es digno de recibir a Jesús en su casa. (Quizás reconoció que al entrar a su casa Jesús quedaría religiosamente impuro y tendría que realizar un sacrificio de purificación, pero el texto no sugiere tal interpretación). Al admitir su indignidad, el centurión reconoce también la autoridad y el poder que residen en Jesús. Confiesa que si Jesús solamente lo ordena, su siervo será sanado. Irónicamente, ahora es Jesús quien actúa como espectador. Se asombra y la comunica sus reflexiones a la multitud. Sus palabras declaran que ni siquiera en Israel se encuentra fe como la del centurión. El relato concluye declarando que el siervo fue sanado.

2. Jesús resucita al hijo de la viuda de Naín (7.11-17)

El episodio de la resurrección del hijo de la viuda de Naín es único en Lucas y su posición en el evangelio invita a hacer comparaciones con el milagro que le precede. El siervo del centurión (persona de influencia y poder) es sanado, aunque está a punto de morir. Se puede decir que la muerte tocaba a la puerta de su vida. Jesús lo sana sin tener contacto con el enfermo. En este pasaje Jesús resucita a uno ya muerto y quien tiene contacto físico con Jesús. En este caso, la muerte ya se ha adueñado del hijo de una desdichada viuda sin influencia ni poder.

Jesús va rumbo a Naín, ciudad cercana a Nazaret, cuando tropieza con el caso lamentable de una viuda. A la puerta de la ciudad se encuentran el cortejo de la vida (Jesús y sus compañeros) y el cortejo de la muerte (la viuda y sus compañeros). Lucas acumula las desgracias en la escena, «un difunto, hijo único de su madre, que era viuda». Se les prohibía a los judíos dejar difuntos dentro de la ciudad después del ocaso, así que el joven falleció ese mismo día. El cuerpo del difunto era inmediatamente lavado, ungido con perfumes y especias aromáticas y envuelto con lienzos de lino. Después de su preparación, el cuerpo era puesto sobre un féretro, cargado en procesión a las afueras de la ciudad y enterrado. Jesús llega a la puerta de la ciudad precisamente cuando la procesión traslada al muerto del lugar de la vida, la ciudad, al lugar de la muerte, las afueras.

En este relato, en contraste al anterior, Jesús toma la iniciativa. Ha de notarse que esta es la primera de muchas veces que el autor de Lucas nombra a Jesús como «Señor» (*ho kyrios*). Esta es la traducción en la versión griega de entonces (la Septuaginta o LXX) del nombre divino Yahvé. Su uso es muy adecuado aquí, cuando Jesús manifiesta su poder y gloria. Lucas enfatiza la condición de la mujer. Una mirada de Jesús y la lamentable situación de la mujer llevan de la muerte a la vida. Jesús se compadece de la mujer. El verbo expresa una acción fuerte e irresistible, «conmoverse en las entrañas». Ella, por su parte, continúa con su llanto. Su pérdida es inconsolable. Jesús toma la iniciativa y pronuncia dos frases que juntas resultan en un gesto. La primera frase va dirigida a la mujer: «¡No llores!». El consuelo que Jesús ofrece será más que mera palabrería, pues Jesús tiene el poder y la autoridad para cambiar el destino de esta viuda. Apenas salen las palabras de sus labios, cuando Jesús se acerca y toca el féretro. El gesto de tocar el tablón fúnebre detiene a quienes llevan al difunto y resultaría en la contaminación de Jesús (Nu 9:11,16). La frase dirigida al difunto es solemne y resuena con el eco de la resurrección: «Joven, a ti te digo, levántate». Nuevamente la autoridad de Jesús se despliega en sus palabras (literalmente: «Yo te digo a ti, levántate») y en el resultado: la obediencia del muerto. El muerto reacciona a las palabras de Jesús con dos gestos para el beneficio de los presentes: se incorpora, y comienza a hablar. El joven revivificado es entregado a la madre. Podemos imaginar el cambio de sentimientos en la madre. Pero Lucas no nos dice nada más de la mujer y su hijo, sino que subraya la magnitud del evento al notar la reacción de la multitud: todos tuvieron miedo. Le siguen a esto dos frases típicas de Lucas: «daban gloria a Dios» y decían «Dios ha visitado a su pueblo». Estos «lucanismos» conducen a la deducción del gentío: «se ha levantado gran profeta». Gran profeta está sin artículo y, aunque alude a los profetas de antaño, particularmente Elías y Eliseo, no identifica expresamente a Jesús con Elías. No es sorprendente pues, que la fama de Jesús se extendiera por Judea y por toda la región.

Por sus acciones, Jesús crea una nueva relación entre padre/madre e hijos. Su compasión se expresa en gestos visibles, y el fruto de su reacción es su compromiso personal. Este pasaje ilustra la armonía del sentimiento, la bondad y la acción.

3. Preguntas cristológicas de Juan el Bautista (7.18-35)
a. Los mensajeros de Juan el Bautista (7.18-23)

Las nuevas de las actividades de Jesús llegan a Juan el Bautista, quien está en prisión (Lc 3.19-20). La información recibida incita a Juan a enviar una delegación para indagar sobre la identidad de Jesús. Encontrándose encarcelado, Juan no está al tanto de todos los acontecimientos que acompañan a Jesús, y se pregunta: «¿Eres tú aquel que ha de venir, o esperaremos a otro?». Varias razones se han ofrecido para explicar esta enigmática pregunta de Juan, que implícitamente expresa la duda del Bautista. Algunos sugieren que a Juan le faltaba fe en Jesús. Pero en Lucas 3.15-17 Juan expresa su concepción del mesianismo de Jesús, de modo que la falta de fe no es la razón para esta reacción. Otros opinan que la intervención del Bautista es para el beneficio de sus discípulos, pues ellos carecen de fe en Jesús y de nuevo Juan actúa como precursor del Mesías. Pero el episodio no se concentra en los discípulos de Juan, quienes actúan como portavoces y nada más (en Hechos 19.1-7 unos doce discípulos de Juan se encuentran con el apóstol Pablo, quien les conduce a una mejor concepción del mesianismo de Jesús). Es mejor pensar que la pregunta expresa la sorpresa de Juan al reconocer la manera en que Jesús ejercía su mesianismo. Al principiar el ministerio público de Jesús, el Bautista había confirmado el mesianismo de Jesús. Sin embargo, ahora nota que las actividades de Jesús no concuerdan con lo que Juan, y otros judíos fieles, esperaban en la era mesiánica. Jesús no se ha manifestado explícitamente para todos. ¿Por qué no se ha juzgado la malicia en la Tierra? Su pregunta tiene que ver más con el tipo de mesianismo inaugurado por Jesús que con la identidad del Mesías.

En su respuesta Jesús dirige la atención de los emisarios a lo que acaban de observar. Lo que los discípulos de Juan antes informaron, ahora lo atestiguan. Todas estas obras señalan que el mesianismo de Jesús expresa la gracia de Dios a favor de su pueblo. Con la inauguración del Reino de Dios, los ciegos ven, los cojos andan, los leprosos son limpiados, los sordos oyen, los muertos son resucitados y a los pobres les son anunciadas las buenas nuevas. Quines se encuentran al margen de la sociedad y son considerados insignificantes por los «poderosos», son incorporados al Reino de Dios. Sí, hay algunos como Juan en la cárcel, que sufren la agonía de esta inauguración. Juan anhela la irrupción total y final del Reino de Dios, cuando Dios juzgará todas las naciones y corregirá todo mal. Dios en su gracia le ofrece a la humanidad una nueva oportunidad en Cristo Jesús: «bienaventurado es aquel que no halle tropiezo en mí». Con esta bienaventuranza Jesús declara que es necesario aceptar esta oferta de la gracia divina. Quienes no la aceptan se ofenden por Jesús. Y, ¿no es esta la situación hoy en día? Quienes no aceptan la gracia de Dios se ofenden de que los pecados sean perdonados tan ligeramente. La justificación por fe es para ellos un concepto foráneo y ofensivo.

b. Opinión de Jesús acerca de Juan el Bautista (7.24-30)

Despedidos los mensajeros de Juan, Jesús expone su estima hacia el Bautista con una serie de preguntas que invitan a la reflexión. La frase «caña sacudida por el viento» puede entenderse de dos formas. Puede ser una referencia simbólica a la rectitud moral de Juan, quien no alteró su mensaje aun cuando sabía que le costaría la libertad. Su encarcelamiento es el resultado de estas convicciones. La segunda opción entiende la frase literalmente como una referencia a las cañas que abundaban a orillas del Jordán. ¿Acaso salían los judíos como turistas para observar las maravillas de la naturaleza? Esta segunda opción es más probable, ya que el gentío ni fue al desierto a ver el pasaje ni a ver a uno de la casa real de Israel, sino a ver a un profeta. En este discurso, el «profeta» es uno enviado por Dios como agente del pacto. El profeta representaba a Dios ante el pueblo y exigía que el pueblo cumpliese con los deberes del pacto. En esta función el profeta revela los planes de Dios para el pueblo con el propósito de que regresen a los caminos rectos y de justicia. El pueblo reconoció a Juan como profeta y la mayoría le respetaba. Este respeto, sin embargo, no garantizaba su obediencia a la palabra del profeta.

Pero Jesús añade que Juan es más que profeta. Es el mayor de todos los profetas porque prepara camino para la venida de Dios. Con estas palabras Jesús está afirmando que él mismo es el Mesías prometido. Con toda la grandeza de Juan, el más pequeño en el Reino de Dios es mayor que él. Esta es una de las declaraciones más maravillosas sobre quienes participan del Reino de Dios. Por la gracia de Dios, el creyente ha sido levantado a tal nivel que excede las bendiciones recibidas por Juan. El más pequeño en el Reino es mayor que Juan porque por los méritos de Jesús tiene acceso al lugar santísimo donde, según el Antiguo Testamento, solamente el sumo sacerdote podía entrar una vez al año. Para el más pequeño en el Reino, el acceso es continuo y confiado.

c. Opinión de Jesús acerca de esta generación (7.21-35)

El mensaje de Juan encuentra corazones receptivos entre los pecadores, incluso los publicanos, y se bautizan. En cambio los fariseos y los intérpretes de la Ley, los religiosos de su día, no aceptan el mensaje de Juan, pues ya habían desechado los designios de Dios. El rechazo por parte de los líderes religiosos conduce a Jesús a pronunciar una advertencia en forma parabólica; comparándolos con niños en un juego. «Los religiosos» son muchachos que rehúsan jugar mientras lamentan que ni Juan ni Jesús entonen una canción a su gusto. Aunque uno toca flauta (Jesús) y el otro endecha (Juan), ninguno de los dos es del agrado de los líderes. En vez de jugar, acusan a uno de servir a los demonios porque no come ni bebe; y al otro, que hace lo contrario del primero, lo acusan de comelón y amigo de los peores pecadores (publicanos). La parábola presenta a quienes rechazan a Jesús y a Juan (los fariseos e intérpretes) como quienes siempre encuentran excusas para no estar satisfechos con la música. Habiendo desechado los designios de Dios, estarán siempre en contra de los mensajeros de Dios. Pero los hijos de Dios (quienes pertenecen al Reino de Dios) reconocen las palabras como palabra de Dios.

4. Un ejemplo de fe: una pecadora perdonada (7.36-50)

En esta perícopa y en la siguiente (8.1-3) continúa el énfasis en la fe. Ahora es la fe de algunas discípulas del Maestro. El primer episodio ocurre cuando Jesús cena en casa de Simón, un fariseo. Una mujer «pecadora» interrumpe la cena para ungir a Jesús con perfume. Jesús defiende la acción de la mujer con la parábola de los dos deudores.

El escepticismo de los fariseos y la fe de los pecadores se manifiestan en el episodio de la mujer que unge a Jesús. Jesús es invitado a cenar en casa de un fariseo y se encuentra reclinado frente a la mesa sobre el lado izquierdo del cuerpo, como se acostumbraba entonces, con el cuerpo y los pies en ángulo hacia fuera de la mesa. Se esperaba que en tales banquetes los invitados conversaran, y los interesados en oír lo que se decía se mantuvieran a cierta distancia, normalmente contra la pared contraria. La frase de Lucas «ahora bien» expresa la sorpresa cuando una mujer entra y pasa para agruparse entre los invitados. No respeta las convenciones del día y se acerca al invitado de honor. Lo sorprendente no es solamente lo que ella hace, sino también quién es. Es una mujer de la ciudad, una «pecadora». Por qué se le da tal título, no se sabe. Muchos opinan que era una prostituta, pero la descripción «pecadores» es vocablo común en este evangelio para referirse a toda persona marginada por una u otra razón, incluso su situación socioeconómica y las circunstancias de su vida. Puede ser que sea una prostituta, pero también es posible que esté casada con uno de los marginados de la sociedad —por ejemplo, un publicano. Se acerca a Jesús y comienza a ungirle con perfume carísimo (300 denarios era el sueldo anual de un jornalero). Mientras unge al maestro, lágrimas de gozo brotan y caen a los pies de Jesús; y ella le lava los pies, secándolos con sus cabellos. Seguramente el silencio domina la escena mientras todo esto ocurre, con todos observando atentamente la escena, preguntándose qué haría Jesús. Por su parte, el fariseo se ofende por la acción de la mujer (¡en su propia casa!) y porque Jesús parece no saber de qué clase de mujer se trata. Para el fariseo esta falta muestra que Jesús no es profeta de Dios.

La escena presenta un gran contraste entre los modos en que Jesús y los fariseos recibían a los marginados de la sociedad (los pecadores). La mujer se acerca a Jesús para ungirle porque sabe muy bien que Jesús ni la va a condenar ni a rechazar. En él encontraría aceptación y perdón de sus pecados. Tomando en cuenta la censura del fariseo, se puede decir que él no toleraría una mujer tal ante su presencia, y mucho menos se dejaría tocar por ella en público. Con razón tal mujer no se acercaría a tal fariseo, porque sabía que sería condenada y expulsada. El fariseo continuaría la marginalización de la mujer. Simón el fariseo nota la aceptación de Jesús y se molesta. Por su parte Jesús nota la reacción del fariseo y aprovecha la oportunidad para dar una lección.

Jesús presenta a dos deudores, uno con una deuda de cincuenta denarios y el otro con una deuda de quinientos denarios. El acreedor, al reconocer que los deudores no pueden pagar sus deudas, en vez de exigir pago, perdona la deuda de ambos. Jesús le pide al fariseo que considere la reacción de los deudores hacia su acreedor: ¿Cuál de ellos amará más al acreedor? Simón responde con astucia: a quien se le perdonó más amará más. Entonces Jesús aplica la parábola, con la explicación del fariseo, a lo que está ocurriendo ante su presencia. El fariseo invitó a Jesús en su casa, dando a entender que Jesús era el invitado de honor y para expresar el gran respeto y estima que tenía para el maestro. Sin embargo, Simón no recibió a Jesús como un anfitrión debería recibir a un invitado especial: no le dio agua para lavarse los pies, no le dio un beso de bienvenida, ni ungió la cabeza de Jesús con aceite. La mujer lava los pies de Jesús y los seca con sus cabellos. Un beso como salutación era señal de respeto y amistad en la antigüedad (Gn 33.4; Ex 18.7; 2S 15.15; 19.39; 20.9) y aún en muchas culturas hasta el día de hoy. Simón no le ofrece ni un beso a Jesús, mientras la mujer no cesa de besar sus pies. Simón no ungió a Jesús con aceite poco costoso; ella unge a Jesús con un perfume de gran precio.

Para el fariseo Jesús es simplemente otro trofeo para exhibir como invitado en su casa; pero en realidad no ama al maestro, no le tiene en estima ni le respeta. La mujer demuestra confianza en el amor y la gracia divina, y por tanto sus muchos pecados le son perdonados. En contraste, Simón no ha encontrado tal perdón. Quienes observan la escena y oyen la declaración de perdón reflexionan con su interrogante: «¿Quién es éste que también perdona pecados?».

5. Ejemplos de fe: mujeres que sirven a Jesús (8.1-3)

Aquí vemos un grupo de mujeres compañeras del conjunto de discípulos rumbo a Jerusalén. Son mujeres pudientes que proveen para atender las necesidades del grupo de discípulos.

E. Llamado a la fe, revelación cristológica (8.4- 9.17)

El ministerio en Galilea continúa con énfasis en la necesidad de responder a la palabra oída con fe y en la autoridad de Jesús. Apartir de la comisión apostólica (6.12-16), Lucas ha abandonado la estructura de Marcos y narra en 6.17-8.3 relatos de Jesús que comparte solamente con Mateo, o que son únicos en su evangelio. En 8.4 Lucas regresa al modelo trazado por Marcos. Las tres perícopas de esta sección tratan sobre la respuesta del oyente a la palabra de Dios en Jesús; esto es «oír» la palabra es el tema central (vv. 8, 10, 12, 13, 14, 15, 18,21). La parábola de los terrenos (el sembrador) presenta cuatro reacciones al mensaje de Jesús. Después la palabra de Dios se compara con una luz que se enciende para que los que entren puedan ver la luz. Finalmente, quienes responden positivamente a Jesús, esto es, los que oyen y obedecen, son incorporados a su familia.

1. Parábola del sembrador (8.4-15)

Algunos estudiosos sugieren que Lucas se aparta de la tradición de Marcos 4.14 al poner el énfasis, ya no en el sembrador, sino en la semilla (v. 11). No es que Lucas abandone la versión de Marcos, sino que declara expresamente el significado de la semilla («la semilla es la palabra de Dios»), que es uno de sus temas favoritos. Por su cuenta, Marcos mantiene la ambigüedad de la semilla con su «el sembrador siembra la semilla» cuyo significado es el mismo que Lucas, aunque menos explícito.

2. Nada oculto que no haya de ser manifestado (8.16-18)

Entonces, ¿qué es lo oculto y qué es lo secreto? No se trata aquí de una enseñanza esotérica. Según las concepciones judías, hay muchas realidades divinas y escatológicas que permanecen ocultas hasta el tiempo de su cumplimiento, y la revelación final de Dios coincidirá con la manifestación de todo lo que hasta ahora ha quedado oculto. Según el v. 10, la comunidad cristiana recibe los misterios del Reino.

3. La verdadera familia de Jesús (8.19-21)

Sin transición, Lucas cuenta que en cierta ocasión la madre y los hermanos de Jesús, queriendo verle, no pueden hacerlo a causa del gentío que aparentemente lo acompaña en todo momento. Las circunstancias conducen a Jesús a elucidar la realidad de su familia. ¿A quién valoriza Jesús más que a los demás? Los que oyen y obedecen la palabra de Dios son su familia. Estas palabras no deben entenderse como una repudiación de parte de Jesús a su familia, sino como una exhortación a los discípulos a ser receptivos a la palabra.

4. Autoridad de Jesús (8.22-9.17)

A partir de 8.22ss, el evangelista narra cuatro milagros de Jesús que son representativos del poder de Jesús. Jesús muestra ese poder por encima de cuatro fuerzas (los elementos, los demonios, la enfermedad y la muerte), que son mucho más poderosas que la humanidad.

a. Sobre la naturaleza: Jesús calma la tempestad (8.22-25)

Este es el segundo milagro de Jesús sobre los elementos. El escenario es el mismo en ambos: el lago de Genesaret (Mar de Galilea en los otros evangelios). En 5.1-11 el lago sirvió para desplegar la autoridad de Jesús y su poder sobre los elementos. En 8.22-25 el lago cumple la misma función. El poder de Jesús se manifiesta de inmediato. Los discípulos atemorizados se maravillan y consideran la identidad de Jesús. Pero los dos episodios contienen notables diferencias. En el capítulo 5 se insinúa una extensa enseñanza de parte de Jesús al gentío presente y el milagro, aunque ocasiona temor en los discípulos, carece de drama. En 8.22-25, el lector puede sentir el drama desarrollándose («navegaban... Jesús se durmió... se desencadenó una tempestad... se anegaban y peligraban... vinieron a él... lo despertaron... reprendió el viento... cesaron las olas», etc.) y la enseñanza se expresa en una sentencia sencilla pero incisiva: «¿Dónde está vuestra fe?».

En contraste con Marcos y Mateo, Lucas no conecta este episodio con las parábolas ni insinúa que ocurre de noche. Vagamente indica que un día Jesús y sus discípulos entran en una barca para pasar al otro lado del lago. La identidad del cortejo no está clara. ¿Serían solamente los doce discípulos designados apóstoles? Esta es la interpretación tradicional presentada a través del arte. Esta agrupación sería completamente varonil. Pero en 8.1-3 el evangelista ha indicado que un número significante de mujeres acompañaban a Jesús. ¿No sería posible que algunas de estas mujeres estuviesen con ellos en la barca? No cabe duda de que texto apoya la presencia de mujeres en cada episodio narrado de aquí en adelante, a menos que explícitamente identifique por nombre a las personas presentes. La barca es pequeña, bien está; pero, ¿implica este detalle que solamente varones se embarcan con Jesús? Dado que uno de los temas centrales en Lucas es la recepción del evangelio por los marginados, incluso las mujeres, podemos pensar que algunas mujeres estarían presentes en la barca.

El «lago Genesaret» es otro nombre para el mar de Galilea. Este lago se encuentra algunos 200 metros bajo el nivel del mar y está rodeado de colinas y despeñaderos, excepto en donde el Jordán desemboca y donde vuelve a salir. Se esperaría que el cruce del lago ocurriese sin incidentes, pero surgen dos eventos que resultan en peligro. Primero, Jesús se duerme. En sí esto es insignificante, pero el hecho de que una tempestad se desata sobre el lago de tal manera que la barca se llena de agua y pone en peligro los tripulantes indica que los discípulos están en gravosa situación y su socorro está ausente. Debido a la topografía, en ese lago se levantaban tempestades repentinas. El aire fresco que descendía de las peñas creaba tormentas repentinas. Confrontados con la tempestad, la barca llenándose de agua y Jesús dormido (la serenidad y confianza que su presencia impartiría no está disponible), un sentimiento de impotencia invade a los discípulos y desesperados claman: «¡Maestro, Maestro, que perecemos!». El uso del vocativo *epistata* («maestro») es interesante. Solo en el evangelio de Lucas los discípulos emplean este vocativo para dirigirse a Jesús. Parece implicar que los discípulos todavía no están completamente seguros de la verdadera identidad de Jesús. Más adelante, con la confesión de Pedro y la experiencia en el monte de la transfiguración, los ojos de los discípulos se abrirán y se les revelará quién es Jesús. Este episodio (8.22-25) lleva a los discípulos a reflexionar sobre lo sucedido y a la obvia conclusión. Su ansioso clamor pinta muy bien la dependencia que tienen de Jesús: ¡Hasta los pescadores profesionales no encuentran otro socorro en medio del mar!

Al despertar Jesús, todo ocurre de prisa. Jesús reprende al viento y las olas, y vuelve la tranquilidad. Los discípulos, agradecidos pero empapados y atónitos por lo que acaban de testificar, oyen la voz que calmó la tempestad dirigirse a ellos. «¿Dónde está vuestra fe?». Lucas presenta el reproche de Jesús en una forma mucho más breve y menos cortante que Marcos («¿Por qué estáis así amedrentados? ¿Cómo no tenéis fe?») y Mateo («¿Por qué teméis, hombres de poca fe?»). Jesús no reprende a sus seguidores por su cobardía ni por su falta absoluta de fe, sino solo por una falta relativa. En efecto, Jesús les dice que poseen fe, pues son discípulos. ¿Por qué entonces no mostraron esa fe? El relato termina con los discípulos meditando sobre lo que han visto y oído, y lo que dicen es el comienzo de una confesión de fe: ¿Quién es éste, que aun a los vientos y a las aguas manda, y lo obedecen?

La aparente ausencia del Señor mientras duerme causa un sentimiento de impotencia en los discípulos no muy diferente del que se apodera de los creyentes hoy. El creyente de hoy debe estar consciente del poder del Señor en toda circunstancia. El milagro nos enseña que aunque vacile cuando ve, la fe se mantiene firme cuando no ve.

Pero hay otra enseñanza en este episodio. A través de su intervención Jesús revela algo de su identidad, hasta ahora escondida de sus seguidores. Por lo tanto, se puede hablar aquí de un milagro cristológico de liberación, así como de una epifanía salvadora. Cuando Jesús reprende el viento y las olas, actúa como Dios actúa en el Antiguo Testamento, manifestando su autoridad sobre poderes malignos (Sal 74.14; 89.9; 104.4-9). La magnitud de la encarnación se está haciendo evidente para los discípulos.

b. Sobre los demonios: el endemoniado gadareno (8.26-39)

Al llegar a la ribera opuesta a Galilea, Jesús se encuentra en territorio de paganos. (La identificación del lugar depende de cómo el intérprete resuelve entre variantes textuales). Lucas ya ha presentado ha Jesús como exorcista (véase 4.31-37, episodio paralelo donde el endemoniado reconoce la superioridad de Jesús), mas en este relato intensifica la autoridad de Jesús, quien se enfrenta a un hombre poseído.

Apenas ha llegado Jesús a su destino cuando corre a su encuentro un poseído. Lucas dice desde el principio que el hombre está poseído de numerosos demonios. Marcos reserva ese detalle hasta que el demonio se identifica como «Legión». Los numerosos demonios han despojado al hombre de dos señales de humanidad: el vestido y la vida social. Solamente Lucas dice que el poseso corre por los alrededores desnudo, y más adelante declara que como resultado del exorcismo el hombre está vestido. El hombre pasaba sus días por los sepulcros, aislado de otros seres humanos. De inmediato los demonios reconocen la autoridad de Jesús sobre ellos: se postran antes su presencia y lo designan «Hijo del Dios Altísimo». El deseo de los demonios es que Jesús los deje en paz. Conocer el nombre de alguien otorgaba o presuponía un poder sobre aquella persona; pero aquí notamos que Jesús pregunta por el nombre después de la declaración de parte de los demonios de que él es superior a ellos. Los demonios salen del hombre pero piden permiso para entrar al hato de cerdos en vez de ser enviados al abismo. Entrando en los cerdos, estos no pueden soportar su opresión y por tanto se lanzan por un precipicio. Entonces la gente de aquellos lugares, asombrada, le pide a Jesús que se vaya. En contraste a ellos, el hombre quiere irse con Jesús, pero se queda para dar testimonio de lo que Jesús hizo por él.

c. Sobre las enfermedades y la muerte: la mujer con flujo de sangre y la hija de Jairo (8.40-56)

Aquí tenemos de dos milagros, uno entretejido (la mujer sufriente del flujo de sangre) en medio del otro (la hija de Jairo, dignatario de la sinagoga). Tras despachar como mensajero al hombre librado de numerosos demonios, Jesús regresa a Galilea, donde la multitud lo recibe con gozo. Su breve ausencia hace a la multitud ver cuánto han llegado a depender de los hechos y las palabras del maestro. Este gozo de las multitudes no se dará de nuevo hasta la entrada triunfal.

Entre la multitud se encuentra un líder de la sinagoga, Jairo. Marcos se refiere a Jairo como «alto dignatario», lo que sugiere que era la persona encargada de ordenar los servicios en la sinagoga. Era un hombre respetado en la ciudad. Postrándose ante Jesús, intercede por su hija, quien está gravemente enferma. Sin demora alguna, Jesús se encamina hacia la casa de Jairo, acompañado por la multitud que le aprieta de lado a lado.

Entre el gentío se encuentra una mujer que padece de flujo de sangre desde hace doce años, o sea el mismo tiempo de vida de la muchacha a punto de morir. Es probable que la mujer sea ya mayor de edad, con los mejores años de su vida en el pasado. Al contrario, la muchacha apenas comienza la suya. Los doce años señalan que está al inicio de los mejores días de su vida. La descripción de la condición de la mujer sugiere que sufre de una hemorragia uterina. En la sociedad y cultura del judaísmo de entonces, le sería imposible a esta pobre mujer llevar una vida normal, pues sería considerada permanentemente inmunda (Lv 15.25-31; Ez 36.16). Aislada de todo contacto con otros seres humanos, viviría en soledad en medio de la multitud. Ahora se acerca a Jesús decidida a ser curada. Su fe en el poder de Jesús es admirable, aunque actúa en silencio y a solas. La confianza de Jairo se demuestra en público cuando se postra y le ruega a Jesús que entre en su casa. Debido a su condición médica, la mujer no puede demostrar su fe en público. No puede pedirle al Maestro que la toque, y mucho menos que fuese a su casa. Temerosa de proclamar su petición se acerca a Jesús confiando que será sanada. Jesús, por su parte, invita a la mujer a proclamar su rogativa después de recibir sanidad. Al tocar el borde del manto de Jesús, se detuvo el flujo de su sangre. En un instante, doce años de sufrimientos y soledad son echados al lado y la mujer comienza una nueva vida, completamente libre para participar en las celebraciones religiosas como cualquier otra israelita. Su toque y su sanidad ocurren en secreto; pero Jesús no va a permitir que se queden en secreto.

Jesús pregunta: «¿Quién me ha tocado?» con la intención de hacer notorio el milagro que ha cambiado radicalmente la vida de esta pobre mujer. Jesús aclara que el toque al cual él se refiere es un toque de fe que emitió el poder de su ser. Al notar que Jesús sabe lo acontecido, la mujer se adelanta temblando y cae a los pies de Jesús, cuenta su historia y espera la censura por su audacia. La anticipada reprimenda no se realiza, sino que una palabra de acogida sale de la boca del Maestro. Su gesto de acercarse a Jesús para tocarle no es nada menos que un gesto de fe. El pueblo ciegamente aprieta a Jesús sin beneficio alguno, pero ella al tocarle con fe recibe sanidad. Afirmando su aceptación ante Dios, Jesús la despide.

Al terminar las palabras de Jesús a la mujer, se anuncia el resultado de la demora: «Tu hija ha muerto, no molestes más al maestro». Anteriormente, Lucas había dicho que la hija estaba gravemente enferma, a punto de morir. El intercambio con la mujer hace que Jesús llegue tarde para curar a la hija de Jairo. La esperanza y la fe naciente expresada en los versículos 41-42 son ahora inútiles, pues la niña ha muerto. Las palabras de Jesús en el versículo 50 restauran esa fe y esperanza: «No temas; cree solamente y será salva».

Llega la multitud con Jesús a la casa de Jairo, donde encuentran una escena de luto típica. Jesús trata de apartar la tristeza que se ha apoderado del hogar al decir: «No lloréis, no está muerta, sino que duerme». El consenso de quienes cantaban endechas es que Jairo ha traído consigo a un loco, pues, ¿quién puede revertir el poder de la muerte? La burla de quienes se han reunido para compartir el dolor de la familia se debe entender como una expresión de espanto al oír lo que parecen ser palabras insensibles de parte de Jesús. No saben que es más que cualquier visitante o cualquier curandero, como ellos pronto verán. Entrando a la casa con tres de sus discípulos, Jesús toma la niña de la mano y clama: «¡Muchacha, levántate!». Lucas omite las palabras en arameo preservadas en Marcos. De inmediato el espíritu de vida regresa a la niña, quien se levanta de su cama. Atónitos, los padres reciben la gran sorpresa al ordenárseles que no digan a nadie lo que ha sucedido. ¿Cómo se puede esconder el hecho que esta niña estaba muerta y Jesús la levantó de los muertos? La razón es que Jesús no quiere que su fama se divulgue por los derredores de tal forma que el pueblo esté más interesado en sus milagros que en sus palabras y su persona.

d. Poder y autoridad a los doce discípulos (9.1-6)

Por tercera vez en Lucas aparecen los doce como grupo. Aquí Jesús los capacita con un don y luego envía en una misión. Esta es la primera de dos misiones dadas a sus seguidores. Esta se reserva para los doce, mientras que la segunda (10.1-24) incluye un círculo mayor. Sin el don la misión es irrealizable. El don que el Señor les da es «poder» (*dunamis)* y «autoridad» (*exousia*) para hacer curaciones y expulsar demonios. El poder expresa la habilidad de hacer algo; la autoridad expresa el derecho a realizarlo. Lo que ellos han visto hacer a Jesús, ahora es parte de lo que se espera de ellos. Son enviados a proclamar el Reino de Dios.

El lugar de esta misión en la instrucción de los doce es importante. Ya han visto numerosos milagros de Jesús y han oído su enseñanza, y ello las ha llevado a la reflexión sobre la identidad de Jesús (8:25 ¿Quién es éste?). Durante esta gira misionera tendrán que articular una en respuesta a las preguntas de su audiencia. Más adelante, Jesús mismo solicitará respuesta de ellos sobre esta misma cuestión.

La comisión de los doce se describe con el vocablo *apesteilen* («él envió»). Este verbo es fundamental en Lucas-Hechos para describir la tarea a la que el discípulo es llamado (Lc 1.19; 4.18; 4.43; Hch 3.20; 3.26). Esta comisión conlleva dos actividades: proclamar el Reino y curar enfermos. Lucas no nos da detalle alguno de la misión. No nos presenta una historia ejemplar (lo mismo ocurre en 10.1-24). Sencillamente nota que los doce «salieron por todas las aldeas anunciando el evangelio y sanando por todas partes». El acto de anunciar el evangelio es sinónimo a la proclamación del Reino de Dios. El enfoque de la perícopa esta más en el equipaje de los comisionados que en su experiencia. En el capítulo 10 Lucas narra algunos detalles acerca de la misión apostólica; pero aun allí lo que ofrece es un resumen.

Las instrucciones de viaje son sencillísimas: viajen ligero y que el alojamiento sea lo más sencillo posible. No hay necesidad de posesiones excesivas. Carguen lo mínimo. Una túnica es más que suficiente. No necesitan bastón ni alforja, ni pan ni dinero. El alojamiento será ofrecido por quienes los reciban, esto es, por quienes acepten a los mensajeros y sus mensajes. Las instrucciones de permanecer en cualquier casa que les reciba es una advertencia de no actuar como muchos filósofos y predicadores itinerantes iban de casa en casa buscando la mejor opción. Los misioneros deben evitar aun esta apariencia de mal. Si su visita no es recibida positivamente, deben partir sin llevar ni siquiera el polvo en los pies.

e. Pregunta de Herodes sobre Jesús (9.7-9)

Entre el relato de la comisión de los doce (9.1-6) y el informe de su misión (9.10-11) Lucas inserta un relato típico de oposición: el interés de Herodes en Jesús. El tetrarca Herodes recibe noticias de las actividades de Jesús y sus seguidores. El título «tetrarca» es más apropiado que el de «rey», ya que el Imperio Romano no reconocía a este Herodes como rey. Aquí se trata otra vez de la identidad de Jesús. Las obras milagrosas indican que Jesús es una persona fuera de lo común. Herodes y el gentío están perplejos porque Jesús aparenta ser muy ordinario para hacer cosas tan extraordinarias. Tres soluciones se sugieren, todas erróneas, que muestran cómo los incrédulos buscan la manera de entender y explicar los hechos de Jesús sin aceptarle.

f. Alimentación de los cinco mil (9.10-17)

Al regresar de su jornada misionera, los apóstoles informan lo que han hecho. Las hazañas narradas requieren un tiempo de reflexión dentro de la comunidad, así que se retiran a un lugar desierto cerca de Betsaida. El lugar desierto, sin embargo, se convierte en una nueva oportunidad para ministrar a las multitudes, quienes al saber dónde se encontraba Jesús van allá. Al mismo tiempo, el milagro que se narra sirve de ventana para que la luz de la revelación ilumine la identidad de Jesús para los discípulos. El deseo de la multitud se expresa con el verbo *akoloutheo* (seguir) que tiene connotaciones de discipulado. La multitud sigue a Jesús a un lugar desierto donde estará a la merced del Maestro. Jesús modela para los discípulos el apostolado proclamado en 9.2-6. Recibe a la gente, anuncia el Reino de Dios y cura a los enfermos.

El gentío, cautivado por las palabras y las curaciones de Jesús, se queda con él cuando la noche se acerca. Los discípulos, percibiendo que la multitud sufrirá hambre si se queda, le piden a Jesús que despida al gentío para que puedan aliviar sus necesidades. La sensibilidad de los discípulos recibe una inesperada respuesta de Jesús: «Dadles vosotros de comer». Las provisiones de los discípulos apenas satisfarían el círculo de los doce: cinco panes y dos peces. Consideran la posibilidad de ir y comprar provisiones para la multitud, pero sería una empresa inútil.

En las instrucciones antes de su jornada misionera, se les mandó no llevar pan ni dinero, sino depender de la provisión divina. ¿Cómo se olvidaron tan pronto de esa experiencia? Si tuvieron éxito en su jornada e incluso recibieron sostén físico, ¿cómo ahora no aparece en su órbita de posibilidades pedir que el Maestro provea para la multitud? Aun así Jesús proveerá para la multitud a través de sus discípulos para incrementar su fe y su conocimiento de él. Agrupando los cinco mil en grupos de cincuenta (lo cual facilitaría su enumeración) Jesús toma los cinco panes y los dos peces. Levanta sus ojos a los cielos, bendice la provisión en sus manos, y se la da a los discípulos para que ellos puedan cumplir con sus instrucciones, «Dales vosotros de comer». Sobreabundó tanto la provisión de Jesús para la multitud que sobraron doce canastas.

La especulación sobre cómo Jesús provee para esta multitud con tan pobres recursos ha resultado en interesantes soluciones que disminuyen el acto milagroso. Algunos han sugerido que muchos en la multitud al ver la disposición de Jesús para compartir sus propios alimentos, sacan de sus alforjas alimento para compartir. Otros, que Jesús parte los peces y los panes en pedazos pequeñitos para que cada persona reciba un mordisco, lo cual es suficiente para su sostén hasta el próximo día. Hasta algunos se atreven a sugerir que Jesús hipnotiza a la multitud y esta cree que su hambre ha sido saciada. Estas especulaciones muestran más la ingenuidad humana que la provisión divina, que es tema central de este episodio.

F. Confesión cristológica e instrucciones sobre el discipulado (9.18-50)

1. La confesión de Pedro (9.18-22)

Encontrándose por fin a solas, Jesús toma la oportunidad para orar. Los discípulos acaban de retornar de su gira, y por ello es dable pensar que tendrían conocimiento de la opinión que las gentes tenían de Jesús. Por lo tanto la pregunta de Jesús es razonable. En Marcos y en Mateo, Jesús solicita la opinión de «la gente», quienes les respetan y lo consideran a la altura de alguno de los ilustres de su historia y parte de una de las instituciones más respetadas en la tradición judía: debe ser uno de los profetas. Esta opinión insinúa que Jesús es el profeta escatológico, pero aun esto no basta para entender quién es Jesús. Pedro contesta por los demás: tú eres el Cristo de Dios. Aunque el vocablo «cristo» sugiere varias interpretaciones, en Lucas refleja las tendencias reales (véase Lc 1.17): Jesús es el Ungido de Dios, como David antaño.

Algunos eruditos debaten la historicidad de esta confesión en labios de los compañeros de Jesús. Sugieren que la designación de Jesús como el «Cristo» surge después de la resurrección. Sin embargo, los mismos estudiosos niegan la historicidad de la resurrección, de modo que sus opiniones no resuelven la cuestión. Datos históricos (Josefo, la literatura rabínica y los Rollos del Mar Muerto) muestran que existían expectativas mesiánicas durante este tiempo. El judaísmo de entonces era muy diverso (más de lo que imaginábamos 50 años atrás) y no había unanimidad en cuanto a la naturaleza y función del Mesías. La literatura de Qumran, por ejemplo, presenta a un Mesías sacerdotal junto a la expectativa de un Mesías davídico. La desintegración política que siguió al tiempo de los Macabeos elevó el papel del sumo sacerdote en Palestina de tal manera que las promesas davídicas son transferidas al sacerdocio, aunque los trazos reales permanecen fuertes. Además, la expectativa del retorno de Elías (Malaquias 3.1) confunde nuestro esfuerzo de entender el uso del término, ya que también a los profetas se les ungía para su oficio. Hay menciones de Elías como profeta escatológico en Juan el Bautista y en las opiniones de Herodes y del gentío en cuanto a la identidad de Jesús. Lo que esta evidencia sugiere es que no había una clara ni unánime expectativa mesiánica. Por tanto no estamos seguros del sentido exacto de las palabras de Pedro con su confesión. Seguramente no es la intención de Pedro ver a Jesús como profeta escatológico (Elías que vuelve), ya que esta es la opinión del gentío que su confesión rechaza. Cualquiera que sea el entendimiento de Pedro, partiendo de esta declaración, Jesús proseguirá a identificar su mesianismo en el resto del evangelio.

De aquí en adelante Jesús aclarará este primer entendimiento, para que pueda florecer en un conocimiento completo que produzca fidelidad en los discípulos, aunque entiendan que seguir a Jesús resultará en sufrimientos semejantes a lo que el maestro experimentará. Por lo pronto, necesitados todavía de entender la misión mesiánica de Jesús, los discípulos reciben instrucciones de mantener su confesión en secreto. Esta orden de silencio ha sido interpretada de diversos modos.

2. El sufrimiento de Jesús y de sus discípulos (9.23-27)

A continuación de la confesión de Pedro los evangelios sinópticos insertan el llamado al discipulado. Con el eco de la pasión anunciada, mediante tres mandamientos se le advierte al futuro que los pasos que seguirá demandan abnegación personal, tomar la cruz y seguir los pasos del maestro. Tal es el camino que Jesús trazará para sus discípulos. Los tiempos verbales de estos mandamientos son importantes (dos imperativos de aoristos seguidos por un imperativo del presente), pues sugieren decisiones fundamentales del futuro discípulo acerca de su propia vida y de su diario vivir, que son parte del seguimiento de Jesús. En pocas palabras, el último mandamiento, «sígame,» brota de los anteriores. El punto básico es que, para ganar su vida, el discípulo tiene que estar dispuesto a perderla. La metáfora de tomar la cruz ha recibido numerosas explicaciones. Claramente el punto de partida es la práctica de las autoridades romanas de obligar a los sentenciados a crucifixión a cargar su propia cruz. Normalmente estos criminales eran rebeldes contra el estado, y por tanto el acto de cargar la cruz indicaba la sumisión del criminal al estado. Para el discípulo tomar la cruz denota sumisión a la autoridad de Dios. Esta acción de rendimiento, de entrega total, demanda que el discípulo reconozca que no puede salvar su propia vida, que solo Dios es capaz de rescatar la vida. Esto resultará en un contraste manifiesto entre el discípulo y quienes viven a su derredor, y por ello la tentación de negar la relación con el maestro será real. Al vivir en una sociedad de afluencia y en medio de un mundo de tanta necesidad, el discípulo a veces se avergüenza de las enseñanzas de Jesús y prefiere vivir como los demás. A quienes sucumben a esta tentación Jesús les advierte que la gloria de Dios ha de manifestarse en el futuro, y que Jesús entonces se avergonzará de quienes lo negaron. El discípulo ha de estar dispuesto a soportar el rechazo de la sociedad.

El v. 27 es difícil de entender. A primera vista, las palabras y la promesa son fáciles, pero la ambigüedad de la frase «hasta que vean el Reino de Dios» introduce el problema interpretativo. Básicamente el problema es este: ¿a qué se refiere la frase «el Reino de Dios»? Tres sugerencias predominan en la historia de la interpretación: la frase representa: (1) la consumación completa y gloriosa del reino escatológico de Dios en el futuro; (2) un vistazo glorioso de ese reino y su Cristo, y (3) el reino del Cristo resucitado y exaltado (¿la Iglesia?).

Algunos opinan que Jesús declara aquí su expectación de que la plenitud del Reino de Dios se manifestará pronto. Para estos intérpretes, Jesús fue un profeta apocalíptico quien esperaba la manifestación del Reino en sus propios días. Opinan que Jesús se equivocó en cuanto a la consumación del Reino. En realidad no hay que pensar que la referencia es a la consumación completa del Reino. En el evangelio de Lucas, Jesús con frecuencia indica que en su persona el Reino de Dios se está manifestando ya. («Pero si por el dedo de Dios echo yo fuera los demonios, ciertamente el Reino de Dios ha llegado a vosotros»). Más generalmente aceptada es la idea de que Jesús hace referencia a su propia manifestación y así revela más acerca de su persona. En tal caso, esta manifestación se realiza en el episodio siguiente, la transfiguración de Jesús.

Aunque las expectativas del Reino se modifican por la predicción del sufrimiento y la pasión de Jesús, y por la sugerencia de que sus seguidores también sufrirán, Jesús les ofrece un atisbo de ese Reino. Los discípulos ya han visto los milagros y han oído las palabras del Maestro. Jesús ahora les promete que verán la gloria del Hijo de Dios.

Esta última interpretación es preferible, pero sin negar el aspecto futuro que la primera enfatiza. Esto es, Jesús permite que sus seguidores experimenten la realidad de su persona y de su Reino ya en su propio tiempo, con la expectativa de que la manifestación completa de ese Reino y de su persona, está en el futuro.

3. La transfiguración (9.28-36)

Unos ocho días después de la confesión de Pedro, encontramos a Jesús y al triunvirato de Pedro, Jacobo y Juan en un monte indeterminado. Nuevamente Jesús se aparta para orar. Esto nos avisa que algo muy significativo ha de ocurrir. Mientras ora, la apariencia de Jesús cambia. Marcos y Mateo describen el cambio en términos generales («se transfiguró delante de ellos»), mientras que Lucas en particular hace referencia al cambio en el rostro de Jesús. Las vestiduras de Jesús se vuelven blancas y resplandecientes. Cada uno de los sinópticos menciona el cambio efectuado en las vestiduras, aunque usan diferentes palabras. Esta descripción nos recuerda la apariencia de Moisés en Exodo 34.29-35, cuando desciende de estar ante la presencia de Dios.

El cambio físico de Jesús no es lo único que ocurre en el monte. Aparecen dos ilustres del pasado lado a lado con Jesús, rodeados de gloria:

81

Moisés y Elías. Es posible que estos representan la Ley y los Profetas del Antiguo Testamento, pero sería mejor pensar en la función de cada una de estas figuras en el esquema escatológico. En este esquema Moisés es representativo del oficio profético que Jesús cumplirá (Dt 18.15) y Elías representa la esperanza escatológica (Mal 4.5-6 y otras referencias en la literatura apócrifa). Jesús funciona como un nuevo Moisés, formando un nuevo pueblo de Dios, tal como Moisés forma la nación hebrea. Elías está presente como representativo de la esperanza escatológica.

Los tres conversan en el monte sobre la partida (*exodos*) que Jesús iba a cumplir pronto en Jerusalén. «Cumplir» es el vocablo clave en este versículo. Los eventos discutidos por Moisés, Elías y Jesús son parte del plan de Dios para su pueblo. Por tanto, al descender del monte, «Cuando se cumplió el tiempo en que él había de ser recibido arriba, afirmó su rostro para ir a Jerusalén» (9.51). De aquí en adelante hasta 19.27 el cortejo de discípulos sigue a su maestro, quien está decidido a ir hacia Jerusalén para cumplir la misión asignada por el Padre (9.51; 13.22; 17.11; 18.31).

Es claro que esta partida (o éxodo) trae a la memoria el gran acto redentor del Antiguo Testamento y sugiere que Jesús va a realizar algo no solamente semejante, sino superior.

La conversación está en pie cuando Pedro, Juan y Jacobo despiertan de su sueño y ven la escena ya descrita. Concluida la conversación, Moisés y Elías se alejan de Jesús cuando Pedro rompe el silencio atónito de los discípulos. Declarando lo maravilloso de lo ocurrido, Pedro propone hacer enramadas para los tres seres resplandecientes. Su intención es celebrar la fiesta de los tabernáculos, una fiesta asociada por la tradición con la consumación de la historia (m. Sukka 1,2:9; 3; 9; 4:5; Antigüedades 8.4.1). Segundo, la construcción de tres enramadas insinúa igualdad entre Moisés, Elías y Jesús. Esta insinuación es contraria a la cristología lucana. Desde el anuncio del nacimiento de Jesús, Lucas ha demostrado la superioridad de Jesús sobre Juan, quien es designado el mayor de todos los profetas. No cabe duda que para Lucas Jesús es superior a Moisés y a Elías.

En respuesta a la sugerencia de Pedro, los presentes son cubiertos por una nube. En el Antiguo Testamento, particularmente en los eventos del éxodo, la nube representa la presencia de Dios. Al encontrarse ante la presencia de Dios los discípulos tienen temor. En medio del temor, oyen una voz que sale de la nube. Es la voz de Dios. La voz declara que Jesús es «mi hijo, mi escogido» (nuestra versión dice «mi Hijo amado») y añade que Jesús ha sido escogido para la misión que ha de cumplir en Jerusalén. Finalmente, se instruye a los discípulos a prestar atención a las palabras de Jesús: «a él oíd». Los discípulos toman este mandamiento en serio, pues callan y por varios días no dicen nada de lo que habían visto.

4. Jesús sana a un muchacho endemoniado (9.37-50)

Al descender del monte, Jesús encuentra nuevamente una multitud que le espera junto al resto de los discípulos. Estos han tratado de echar un demonio de un muchacho, hijo único, cuyo padre les ha rogado a los discípulos que le ayuden. El espíritu inmundo que se ha apoderado del muchacho es violento, pues «lo toma y de repente lo hace gritar, lo sacude con violencia, lo hace echar espuma, estropeándolo». El relato paralelo de Marcos ofrece más detalles y presenta con más urgencia la condición del muchacho. Lucas es más breve en su narración, pero ofrece suficientes detalles para crear conmiseración con el padre y el muchacho. El fracaso de los discípulos produce palabras de censura por parte de Jesús. Jesús expresa gran exasperación ante esta inhabilidad. Recordemos que anteriormente Jesús les ha dado autoridad para echar fuera demonios y ellos regresaron contando cómo hasta los demonios estaban sometidos a sus palabras. Jesús declara que son una generación incrédula y perversa. ¿Por qué?

El muchacho es traído a Jesús. Ocurre una confrontación entre Jesús y las fuerzas que maltratan al muchacho, pero Jesús reprende al espíritu inmundo e inmediatamente el muchacho recupera su salud. Esto causa gran maravilla de parte de los espectadores.

Lucas concluye el ministerio de Jesús en Galilea con tres episodios que muestran la incomprensión de los apóstoles en cuanto a lo que es un discípulo fiel. Primero, los discípulos no entienden el significado del dicho «el Hijo del Hombre será entregado a la mano de hombres». Esta falta de comprensión hará que se dispersen cuando lo anunciado se cumpla ante sus propios ojos.

Segundo, los discípulos pelean entre sí (46-48). Apenas acaba Jesús de hablar acerca de ser entregado a sus enemigos, cuando sus discípulos discuten la grandeza particular de cada uno con relación a los demás. Es claro que todavía piensan en términos de un Mesías político y terrenal, y no pueden concebir el Mesías sufriente. En la antigüedad los niños no eran dignos de gran estima y ajenos de grandes hazañas y reconocimientos. Aun en el judaísmo, donde los niños eran más estimados que en el resto de la sociedad grecorromana, pasar tiempo con un niño de menos de doce años era considerado una perdida de tiempo. Jesús toma a uno de estos insignificantes e indica que «cualquiera que reciba a este niño en mi nombre, a mí me recibe; y cualquiera que me recibe a mí, recibe al que me envió, porque el que es más pequeño entre todos vosotros, ese es el más grande». El discípulo cristiano debe estar dispuesto a ser tan insignificante como un niño. ¿Por qué? Porque la relación del discípulo con Dios aumenta la dignidad de las otras personas, aun de aquellas personas sin status social: los pequeños e insignificantes. A estos los discípulos deben recibir.

Finalmente en 49-50 los discípulos traen el caso de uno que no es parte de su círculo (no es uno de los doce ni de los setenta), pero que en el nombre de Jesús echa fuera demonios. La reacción de los discípulos no nos sorprende: quieren prohibir que otros aparte de ellos puedan hacer tales milagros. Esta reacción es natural cuando miramos las cosas con mente estrecha o cuando no estamos de acuerdo cien por ciento con otros que también representan a Cristo. La respuesta de Jesús es crítica para un mundo de diversidad religiosa: «el que no es contra nosotros por nosotros es».

Camino hacia Jerusalén: Lecciones sobre el discipulado (9.51-19.44)

Capítulo 4

Bosquejo de esta sección

Esta sección presenta las enseñanzas de Jesús camino a Jerusalén, acompañado por sus discípulos y el gentío. El viaje no es directo, ya que en 10.38-42 encontramos a Jesús en el sur de Betania, en la casa de María y Marta (véase Juan 12.1), mientras que los eventos de 17.11 ocurren en el norte, entre Galilea y Samaria. Jesús comienza con determinación esta jornada que terminará en la realización del plan divino. Durante ella, Lucas incluye numerosos relatos únicos en su evangelio —casi una tercera parte de todo el material en esta sección— particularmente muchas parábolas. Algunas de estas se cuentan entre las más conocidas: el buen samaritano, el hijo pródigo, el mayordomo infiel, etc. El interés recae sobre la enseñanza de Jesús más que sobre en sus obras milagrosas.

Dos grandes temas predominan en esta sección: primero, la distancia que separa a Jesús de los líderes religiosos se acrecienta. La actitud de los fariseos y los escribas de la ley hacia Jesús ahora se intensifica hasta hacerse enemistad abierta. Esta será la base para la condena a muerte que Jesús recibirá de parte de todos los líderes judíos, incluso del rey Herodes. El segundo tema es la preparación de los discípulos para la jornada de fe. Antes de su partida, Jesús prepara sus seguidores para la vida en un mundo hostil, pero con la promesa de que Dios les reivindicará en el Reino. Por eso Jesús habla extensamente de la fidelidad ante la persecución, el amor al prójimo, la entrega total y el uso de las riquezas.

A. Primeros pasos, oposición inicial (9.51-11.13)

1. Rechazado en Samaria (9.51-56)

La determinación de cumplir la misión encuentra rechazo inmediato. Jesús envía mensajeros para que preparen el camino. Como Juan el Bautista, mensajero que precede al Mesías, los discípulos ahora sirven la misma función. Son copartícipes del ministerio de Jesús aunque, como Juan, sigan desorientados en cuanto al mesianismo de Jesús. Entrando en una aldea de samaritanos con intención de presentarles a Jesús, no son aceptados. Hubiese sido muy fácil para Jesús y su cortejo de seguidores evitar contacto con los samaritanos simplemente rodeando la región. Aunque ese era camino directo, parece ser el camino preferido de los judíos, quienes evitaban contacto con los samaritanos a todo costo. Jesús invita al contacto con ellos al enviar a sus discípulos a una aldea de samaritanos.

En esta la primera de varias referencias a los samaritanos en Lucas-Hechos, la animosidad entre judíos y samaritanos es evidente. El origen de esta hostilidad estaba en el choque de estas sectas religiosas en siglos anteriores. Las diferentes e incompletas fuentes históricas no concuerdan, pero sí es seguro que los samaritanos eran un grupo religioso centrado en el Monte Gerizim, entre Galilea y Judea. Rechazaban la centralidad de Jerusalén en el plan de salvación y tenían opiniones diferentes en cuanto a las escrituras (aceptando solamente el Pentateuco Samaritano), a la expectativa mesiánica y a la identidad del verdadero pueblo de Dios. En Antigüedades 18.2.2 Josefo muestra cómo esas resultaban en violencia. La narración de Lucas presupone que el lector está al tanto de la opinión judía, de que los samaritanos están en la periferia del judaísmo, excluidos de la vida religiosa en Jerusalén. Por su parte, los samaritanos veían a los judíos con sospecha y rehusaban el culto en Jerusalén. Es esta última diferencia la que causa su reacción a la invitación de los discípulos. Si Jesús va rumbo a Jerusalén, los samaritanos no quieren parte en el asunto.

La reacción de los discípulos recuerda actos violentos del pasado. Piden permiso a Jesús para mandar fuego para que los consuma. Su deseo es evaporar, borrar la aldea y a sus habitantes de la faz de la Tierra. Los pensamientos vengativos de los discípulos deshonran la enseñanza de Jesús. Nuevamente la respuesta de Jesús es instructiva. Primero, no les concede su petición. A veces pensamos que la enseñanza de «pedid y se os dará» no tiene límites. Segundo, la razón es que no saben de qué espíritu procede tal pensamiento. El lector lo sabe muy bien: procede de un espíritu vengativo más en común con Satanás que con los hijos de Dios. Lo importante para Jesús es su misión, pues «el Hijo del hombre no ha venido para perder las almas de los hombres, sino para salvarlas». El acto vengativo auspiciado por los discípulos resultaría en la pérdida de esas almas. Más adelante Jesús confrontará el prejuicio contra los samaritanos (10.30-35) y sanará a un samaritano leproso (17.11-19). El propósito de Jesús en cuanto a los samaritanos se cumple en Hechos 8 a través de la misión de Felipe. ¿Qué pensarían estos dos discípulos décadas después al ver el fuego del Espíritu Santo descender sobre los samaritanos? Ellos habían pedido fuego destructor y Dios envió fuego redentor.

2. Advertencias sobre el discipulado (9.57-62)

Tres futuros discípulos se encuentran con Jesús y sus reacciones son anuncio de lo que ha de suceder en todas las edades y en toda cultura. Ser discípulo de Jesús requiere constancia y abnegación. El primero expresa su decisión de seguir a Jesús a dondequiera que vaya. Teniendo en cuenta el contexto literario, le vemos declarar la intención de acompañar a Jesús hasta la muerte. Jesús no suaviza las cosas para acomodar a este futuro discípulo, sino que requiere una entrega total, y por ello enfatiza su carencia de lugar fijo. Como itinerante, Jesús dependía de la hospitalidad de otros, y por tanto no tenía asegurado un lugar para recostar la cabeza. Los animales tienen lugar para reposar, pero él no. No sabemos la respuesta de esta persona y por tanto la escena se aplica a todo aquel que desea seguir los pasos del Maestro.

El segundo personaje es invitado al discipulado por Jesús mismo. Responde positivamente, pero pide que, en respeto al mandamiento de honrar a los padres, se le dé tiempo para enterrar a su padre. El judaísmo enseñaba la obligación de los hijos de enterrar a los padres (Sirac 38.16), así que la petición no es irracional (véase además 1 R 19.19-21.). ¿Por qué, entonces, Jesús sugiere que los muertos entierren sus propios muertos? Algunos opinan que esto quiere decir que los espiritualmente muertos entierren a los físicamente muertos. Pero mejor es ver aquí el cambio de prioridades que se requiere para seguir a Jesús. El Reino demanda entrega total y un cambio de relaciones. Por tanto, la obligación de enterrar a los padres es insignificante ante la obligación de seguir el camino trazado por Jesús. No quiere decir que el discípulo ahora olvidará sus obligaciones de cuidar de su madre y padre (cosa tristemente común en nuestros días). Más bien indica que la decisión de seguir a Jesús no puede esperar hasta mañana, por muy importante que el mañana parezca. El anuncio de la presencia del Reino es tan importante que hasta el mandamiento resulta insignificante. No cabe duda que la vida del discipulado resulta en un cambio radical de las prioridades.

El tercero pide tiempo para despedirse de los de su casa. Como al segundo, Jesús le amonesta a estar al tanto de sus nuevas prioridades. Su decisión de seguir a Jesús es tan absoluta que no tiene tiempo para mirar atrás, para despedirse de los de su casa.

Por último, notemos cómo cada una de estas personas responde a la invitación al discipulado designando a Jesús como «Señor». Afirmar el discipulado con palabras es muy fácil. El verdadero discípulo se reconoce por el cambio radical en sus prioridades. Debe estar dispuesto a negarse las comodidades de la vida y hasta romper relaciones con familia y amigos. Todo el esfuerzo se dedicada a la relación con Jesús y a anunciar la manifestación del Reino de Dios.

3. La misión de los setenta (10.1-12)

No obstante el costo de seguirle, Jesús contaba con otros discípulos además de los doce apóstoles. Va acompaño en su jornada de hombres y mujeres comprometidos con la misión. Su envío es paradigmático para la misión de la iglesia, conflicto escatológico con las fuerzas que oprimen la experiencia humana. El número de mensajeros en el texto griego (¿setenta o setenta y dos?) nos presenta un caso clásico de crítica textual. Cada una de estas cifras se encuentra en manuscritos de casi igual valor histórico. Por tanto lo único que podemos decir con seguridad es que no sabemos cuál es la mejor opción.

Estos son enviados de dos en dos no solamente para su seguridad física, sino con el propósito de establecer su testimonio (Dt 19.15). Deben ir «a toda ciudad y lugar adonde él [Jesús] había de ir». La referencia es entonces a la misión general de los seguidores de Jesús, quienes van delante de él anunciando el Reino y la eventual visita del Señor. Lucas quiere dejar claro que los discípulos han de ir por todos los lugares anunciando la venida del Señor: primero a todas las ciudades de Israel (Lc 10.1-24), y luego hasta los fines de la Tierra (Hechos 1.8).

La misión se compara con una gran cosecha que carece de suficientes labradores. Esto crea un sentir de urgencia para evitar que parte de la cosecha se pierda por falta de obreros. Confrontados con esta situación, Jesús les exige dos cosas a sus discípulos. La primera es pedirle al Señor de la cosecha que envíe obreros. Ante tan grande necesidad no debemos constreñir a los obreros (práctica común en muchos círculos cristianos hoy). Con demasiada frecuencia nos lanzamos a la cosecha sin antes pedirle al Señor que envié a sus obreros.

La segunda actividad exigida por Jesús es ir a la cosecha. Quien ora por la necesidad de obreros es enviado a ella. Aunque la cosecha ofrece una gran oportunidad, tiene también sus riesgos. Por tanto, Jesús añade «yo os envío como corderos en medio de lobos». Esto señala la vulnerabilidad de los obreros. Habrá oposición (9.51-55), y no todos serán bien recibidos.

Pero esta imagen insinúa a la vez que el Señor de la cosecha es el pastor de sus ovejas (Is 40.11; Ez 34.11-31). Siendo soberano en todo, él protegerá su rebaño. La dependencia y confianza en él resultan en no tener que llevar bolsa ni alforja ni calzado. El proveerá para los suyos.

Al entrar a una ciudad, los discípulos buscarán casa donde quedarse. El saludo «Paz sea a esta casa» es una oferta de benevolencia de parte de Dios. El concepto hebreo de paz, *shalom*, significa mucho más que la ausencia de conflicto. Contiene la idea de justicia y bienestar total (Gn 43.23; Jue 6.23; 19.20; 1S 25.6; Is 52.7; Lc 2.14; 24.36, Hch 10.36; 16.36).

Dos respuestas son posibles a la llegada de los mensajeros. Cuando sean aceptados en una casa, deben permanecer allí mientras estén en la ciudad. Todo lo que se les ofrezca para comer y beber lo deben aceptar. El beneficio espiritual que acompaña la venida del Reino es digno de apoyo, pues «el obrero es digno de su salario». Esta frase es común en el Nuevo Testamento (Mt 10.10; 1Tim 5.18; 1 Cor 9.14) y presenta positivamente lo que el Antiguo Testamento enseña negativamente (Lv 19.3). Como parte de la bendición que acompaña al Reino, los enfermos de la casa serán sanados. La segunda respuesta es todo lo contrario. Donde no sean bien recibidos, han de salir de inmediato y asegúrense de no aceptar «salario» alguno, ni siquiera el polvo que tocase el calzado. Aun así el Reino de Dios está cerca de estas ciudades, y en el día del juicio («aquel día») tendrán castigo peor que Sodoma, la ciudad más vil en la historia bíblica.

4. Ayes sobre las ciudades impenitentes (10. 13-16)

Se nombran tres ciudades que, receptoras de bendiciones y obras milagrosas, no aceptan a los mensajeros de Jesús. Recibirán más severo castigo que las ciudades gentiles de Tiro y Sidón.

5. Regreso e informe de los mensajeros (10.17-24)

Los setenta (y dos) regresan y presentan un brevísimo informe de sus experiencias. Este enfatiza los exorcismos: «hasta los demonios se nos sujetan en tu nombre». El texto sugiere otras experiencias, pero Lucas no dice nada de arrepentimiento, ni de discursos pronunciados en el poder del Espíritu. El poder para sujetar a los demonios proviene de Jesús mismo («en tu nombre»). Este poder se debe entender como paralelo al del Espíritu Santo, que capacita a Jesús para realizar sus hazañas.

El éxito de los discípulos subraya la derrota de Satanás. Jesús declara que vio a Satanás caer del cielo. No está claro si se refiere a una visión o está hablando simbólicamente de la caída del enemigo de la humanidad. El poder para sujetar a los demonios procede de Dios (Jesús), de modo que debemos entender que los discípulos tienen poder sobre los demonios porque Satanás ya ha sido expulsado. Jesús está hablando aquí simbólicamente de su propia misión y su resultado.

Jesús explica y expande la autoridad de los discípulos. Con el uso del perfecto («yo os doy») Lucas indica que esta autoridad fue otorgada en el pasado y se extiende al tiempo de la misión. Toda fuerza contraria a los propósitos de Dios (serpientes y escorpiones) y todo el poder del enemigo serán pisoteados por los mensajeros del Maestro. Al decir «nada hará daño» el Señor Jesús no promete que nada malo les ocurrirá a sus seguidores. La promesa debe entenderse en el sentido eterno. El discípulo del Señor está seguro de que Satanás no tiene poder para arrebatarlo de la presencia divina y no puede acusarlo ante Dios.

El éxito de la misión naturalmente resulta en gozo en los discípulos. Pero mucho más gozo se deriva del hecho que sus nombres están escritos en los cielos. La imagen es tomada de los registros de ciudadanía que aseguraban que se era miembro de una comunidad. Sí, debemos gozarnos al ver que el Señor nos usa para su gloria, pero mucho más por tener nuestros nombres escritos en el registro del libro de la vida.

Al oír el informe, Jesús se regocija en el Espíritu adoptando un esquema de acción de gracias del Antiguo Testamento (Dan 2.19-23). Al ver a Dios obrar a través de personas como nosotros nuestra reacción debe ser semejante a la de Jesús: llenos de gozo ofrecemos alabanzas.

La acción de Dios es doble: esconder y revelar «estas cosas». Las cosas «escondidas» y «reveladas» se refieren a la obra misionera como señal de la ruina final de Satanás. Habiendo visto la caída del enemigo, Jesús lo comparte con los discípulos, quienes aparentemente comprenden su significado. Los sabios e instruidos, quienes debido a sus habilidades y a su posición social deberían haber reconocido en los exorcismos la irrupción del Reino de Dios, desconocen lo que está aconteciendo. Esto es una referencia a los estudiosos del día (escribas y fariseos, y como veremos más adelante, los expertos en la Ley) quienes eran tenidos en gran estima por su gran conocimiento.

En contraste a los sabios e instruidos encontramos a los «niños» (*nepiois*). En el Antiguo Testamento los niños reciben cuidado y provisión de parte de Dios (Sal 19.7; 116.6; 119.130). Jesús está dirigiendo los pensamientos de sus discípulos hacia una correlación entre lo que han experimentado y lo que esto indica acerca de Jesús. En el capítulo 9 Jesús les pregunta a sus discípulos acerca de su identidad, y la confesión de Pedro afirma que creen que Jesús es el Mesías de Dios. Desde entonces, Jesús les ha enseñado a sus discípulos que su carácter mesiánico difiere de la idea común en sus días. Este versículo dirige el pensamiento de los discípulos hacia una cristología más allá de lo que ellos podían imaginar.

6. Parábola del buen samaritano (10.25-37)

Este es uno de los textos más conocidos y comentados del evangelio. La pregunta del legista, su intercambio con el Maestro, y la parábola del buen Samaritano ilustran lo expresado en 10.20-24 acerca de la falta de conocimiento en los sabios e instruidos. Literariamente la escena continúa la anterior. Apenas acaba de pronunciar Jesús su bienaventuranza acerca de la privilegiada posición de los discípulos cuando un legista, un experto en la Ley, se levanta para «probarle». Legista (*nomitos*) es el término preferido por Lucas para referirse a los escribas (Lc 7.30 11.45; 11.46; 11.52; 14.3). Al usar el apelativo «Maestro» el experto reconoce la superioridad de Jesús. Pero su propósito es probarle, verificar si Jesús es sabio en cuanto a las tradiciones judías.

El legista quiere saber lo que él debe de hacer para heredar (*kleroneo*) la vida eterna. «Vida eterna» se refiere a las bendiciones escatológicas reservadas para los justos en oposición al rechazo de los injustos. Jesús responde con una pregunta que centra la discusión sobre la Ley. No responde como un revolucionario radical, sino que invita a la reflexión sobre lo que Dios requiere en la Ley. Jesús se mantiene fiel a la Ley mosaica. Así afirma lo que tiene en común con el legista. Teniendo en mente que el hombre es un experto en la Ley, Jesús dirige la conversación hacia donde el hombre debería sentirse cómodo. Pero en su interrogación Jesús requiere no solamente una referencia bíblica, sino también la interpretación del legista: «¿Qué está escrito en la Ley? ¿Cómo lees?». Por su parte el experto en la ley responde citando confiadamente el gran mandamiento del judaísmo, una combinación de Deuteronomio 6.5 y Levítico 19.18. Él sabe bien cómo puede heredar la vida eterna: mediante el amor y devoción a Dios y amor al prójimo. La compilación de estos dos textos se facilita, ya que ambos comienzan con el mandamiento de amar. Las cuatro calificaciones del amor (corazón, alma, fuerzas, mente) no se deben entender como una compartimentación entre diversas áreas de compromiso. Se deben entender en su totalidad, indicando que la persona en toda su esencia se dedica a amar al otro. Amar con todo el corazón evoca la voluntad y la afectividad. El alma trae a la mente la vitalidad consciente y la sensibilidad espiritual. Las fuerzas sugieren la energía personal. La mente evoca la inteligencia. Este amor no es simplemente una emoción o sentir, como bien sabe el experto en la Ley, sino se manifiesta en actos tangibles. La respuesta del legista satisface al Maestro: «has respondido rectamente». Pero todo este conocimiento es en vano si no se aplica. Por tanto, Jesús ofrece por fin su respuesta a la pregunta que comenzó el dialogo: «haz esto y vivirás».

La respuesta y la sugerencia de Jesús parecen claras; pero el legista pide una definición del prójimo. Quiere saber quién en particular es el prójimo a quien ha de amar. Con su misma pregunta sugiere que hay personas que no son dignas de su amor. Su pregunta es natural en su contexto socioreligioso, que cuidadosamente identificaba quién era y quién no era miembro de la comunidad.

La respuesta de Jesús indicará que estas distinciones son erróneas. La respuesta es en forma de un relato e indica que la identidad del prójimo no depende de él (el prójimo) sino de quién decide ser prójimo de cualquiera que encuentra en el camino. «Cierto hombre» es el comienzo típico de las parábolas narrativas en Lucas (Lc 12.16; 14.16; 15.11; 16.1; 16.9; 19.12). De Jerusalén a Jericó el camino descendía de las alturas (2600 pies sobre el nivel del mar) a la llanura del Mar Muerto (825 pies bajo el nivel del mar). Era un camino desierto e inhóspito, y pocos se aventuraban por él, pues sus numerosas cuevas ofrecían guaridas para ladrones. Encontrándose en el peligroso camino de Jerusalén a Jericó, el hombre es atacado por ladrones que le quitan todo, lo hieren y lo dejan medio muerto. Se encuentra herido, casi desnudo, y abandonado en el camino. ¿Quién se comportará con él como un buen vecino?

El primero en tener esta oportunidad es un sacerdote quien se encuentra en el mismo camino «por coincidencia». Viendo al moribundo en el camino, el sacerdote pasa por el otro lado (*antiparelthen*). Varios motivos se han sugerido para explicar la negligencia del sacerdote: el temor de contaminación al tocar un muerto; la vacilación de ayudar a alguien que pudiera ser pecador; el temor de ser atacado por los mismos salteadores. En la parábola no se menciona su motivación. Lo peor de su negligencia es que no tiene motivo alguno para justificarla.

Otro líder religioso aparece en el camino. Un «levita» era alguien de la tribu de Leví, pero no de la familia de Aarón. Los levitas se ocupaban de muchas funciones sacerdotales de menor importancia. Este, al ver al necesitado, aparentemente se acerca («llegando cerca de aquel lugar») para ver la situación. Pero, como el sacerdote, pasa y no ofrece ayuda.

Todo cambia con el personaje que ahora tendrá oportunidad de ser prójimo. El samaritano se introduce dramáticamente: «cierta persona, esto es un samaritano». Para un judío no había personas menos dignas de respeto que los samaritanos. Es fácil imaginar la expectativa en el legista al desarrollarse la parábola. Después del fracaso del sacerdote y del levita, él, y los demás oyentes, quizás pensarían que la tercera persona sería un judío laico, ¡hasta un legista! Así tendrían una historia anticlerical pero que todavía seguía lo mejor de la tradición judía. Al oír el vocablo «samaritano» los espectadores reciben tremendo golpe. ¿Acaso no son ellos el pueblo escogido de Dios? Sin embargo, es el samaritano quien se acerca al hombre y al ver su condición responde de inmediato con compasión. He aquí la esencia de ser prójimo: ver una necesidad y actuar para satisfacerla.

Los vv. 34-35 describen detalladamente el acto compasivo del samaritano. Jesús describe seis actos compasivos: (1) se acerca a él; (2) venda sus heridas, luego, (4) lo pone sobre su propia cabalgadura; (5) lo lleva al mesón, y (6) le provee cuidado continuo. El conjunto de estas actividades muestra el gran amor al prójimo por parte del despreciable samaritano.

La pregunta de Jesús al legista es notable: «¿Quién de estos tres te parece que se hizo prójimo del que cayó en manos de los ladrones?». La compasión y los actos inspirados por el amor es lo que hace a uno prójimo; no la raza, ni la proximidad física , ni la religión. No se puede definir al prójimo de tal forma que nos evite responder a las necesidades a nuestro derredor.

El legista responde refiriéndose al acto de compasión («el que hizo misericordia con él»). Pero no basta con reconocer que el mandamiento de amar al prójimo no tiene límites. Hay que integrar la enseñanza en el diario vivir. Por tanto, Jesús reta al legista: «Ve, haz tú lo mismo».

7. María y Marta (10.38-42)

Lucas es el único evangelista que incluye este episodio, indicativo de la vida contemplativa. La pregunta del legista resulta en la parábola del buen samaritano y su énfasis en el amor que se manifiesta en actos compasivos hacia el prójimo. La acción es más importante que el conocimiento de la Ley. El diálogo en casa de María y Marta nos presenta el otro aspecto del discipulado. Aunque cumplir lo requerido por la Ley en actividades concretas y tangibles es importante, mucho más importante es contemplar (oír) las palabras del Maestro mientras él enseña. Las demandas del día y las necesidades a nuestro alrededor llenan nuestro itinerario de tal manera que no tenemos tiempo para hacerlo todo. Encontrándose en esa situación muchos discípulos escogen el servicio (como Marta) y abandonan el aspecto contemplativo. ¡Cuántos pastores y otros siervos del Señor hoy día están tan ocupados en los quehaceres de la Iglesia (sirviendo al Señor y a su iglesia) que se olvidan de su propia vida devocional! Dejan de orar en la privacidad de su vida personal, leen las escrituras solamente para predicar o enseñar y no para su propio beneficio espiritual, dejan de tener tiempo a solas con el Señor. La prioridad siempre debe ser estar ante la presencia del Señor para aprender de él, y después servir a los demás. Así cumplimos el gran mandamiento.

8. La oración del discípulo (11.1-13)

Siguiendo su enseñanza acerca del discipulado, Lucas enfatiza la vida de oración. Ya hemos notado que la práctica de la oración era costumbre de Jesús y es un tema común en el Evangelio de Lucas. Ahora encontramos otra vez a Jesús en oración, y como siempre esperamos un momento decisivo o un acto sobresaliente. Esta vez, sin embargo, lo extraordinario no es lo que Jesús hace, sino que los discípulos expresan su deseo de emular esta actividad de Jesús: «enséñanos a orar como Juan enseñó a sus discípulos».

El sentido comunitario de la oración es declarado en los verbos «oréis» y «decid», ambos en plural. Esta dimensión comunitaria es muy difícil de captar y adoptar en la sociedad independiente en que vivimos. En contraste con la tendencia moderna hacia la independencia, la oración que sigue enfatiza la vida en comunidad.

Invocar a Dios como «Padre» es importantísimo. La expresión tiene su origen en el vocablo arameo «abba», frecuente en el Nuevo Testamento, que enfatiza a la vez la autoridad y la intimidad del padre. Jesús no fue el único ni quizás el primer judío en designar a Dios de esta manera. Aun así, el uso de la expresión en la oración no era común.

La intimidad de invocar a Dios como Padre se equilibra en la primera petición: «Santificado sea tu nombre». Bíblicamente el nombre de alguna persona es más que una simple designación. El nombre representa y comunica la esencia de la persona. El discípulo se acerca a Dios reconociendo que en la sociedad el nombre del Señor es profanado diariamente, hasta por quienes declaran ser su pueblo. La primera petición expresa el deseo del discípulo de santificar el nombre del Señor, y así glorificar a su Dios.

En la próxima petición encontramos que el discípulo desea ver la manifestación del Reino de Dios: ver toda la creación restablecida a la perfección original. Esta petición incluye el anhelo de que la manifestación de este Reino comience ahora mismo en nuestras comunidades de fe. Por tanto «hágase tu voluntad, como en el cielo, así también en la Tierra».

Estas peticiones expresan la perspectiva cristiana en cuanto a este mundo. La secularización de nuestra sociedad ha avanzado tanto que muchos viven sin considerar al Creador. Diariamente se toman decisiones que afectan la calidad de vida de millones de seres humanos, y rara es la vez en que la perspectiva cristiana afecta el proceso de decisión. Ante esta secularización y el tratamiento inhumano de seres creados a la imagen de Dios, el discípulo cristiano ora sin cesar «santificado sea tu nombre», «venga tu Reino», «hágase tu voluntad». Y, por el poder del Espíritu, trabaja para realizar estas peticiones al introducir la perspectiva cristiana en las decisiones cotidianas.

La próxima petición reconoce que el discípulo depende de Dios para su sostén diario. El materialismo de nuestra sociedad crea afán y ansiedad por los bienes que el mundo ofrece. El discípulo cristiano está llamado a no afanarse por la comida ni por las vestiduras, y demuestra su entrega total y su confianza a su Señor al pedir solamente por las necesitadas básicas de la vida.

La próxima petición expresa la necesidad del perdón mutuo en la comunidad de fe. El perdón de pecados es tema común en Lucas (1.77; 3.3; 5.20-21, 23-24; 7.47-49; 12.10; 17.3-4; 23.34; 24.47). Implícita en la petición está la idea de que las ofensas contra otros (nuestros pecados) son deudas que deben ser liquidadas. Viviendo en un mundo imperfecto, el discípulo mismo contribuye a esa imperfección debido a sus propias ofensas contra otros. Al confesar su pecado y perdonar las ofensas de otros comienza la realización del Reino de Dios. En su petición la comunidad declara que no puede pedir al Señor algo que ella misma no está dispuesta a hacer.

Finalmente la comunidad ruega por protección divina. Esta petición causa que algunos sugieran que Dios es la causa, o el agente, de las tentaciones que encontramos en nuestra jornada. Pero bíblicamente Dios no tienta a nadie, sino que nuestra naturaleza humana, con sus tendencias pecaminosas, diariamente nos presenta ocasiones para caer en tentación (Stgo 1.13-15). Lo que el discípulo y la oración reconocen es que la gracia y el poder divino nos protegen y pueden impedir que nos rindamos ante la tentación que enfrentamos. La oración pide que Dios impida que la tentación nos asedie de tal modo que el pecado reine en nosotros. «Líbranos del mal» concluye esta última petición. El uso del artículo sugiere la traducción «el malo» con la idea de que Dios nos libre del poder del enemigo, quien reina en malicia y pecado.

La importancia de la oración en el discipulado se ilustra mediante una serie de preguntas retóricas y parabólicas. Jesús introduce la parábola retóricamente: «¿Quién de vosotros que tenga un amigo. . . ?». Varios elementos de la parábola reflejan la cultura del día. Los víveres no estaban tan disponibles como hoy, ya que la falta de medios para conservarlos hacía necesaria la preparación diaria del alimento. La hospitalidad era un acto de mucha estima y de gran valor para las sociedades antiguas. El personaje de la parábola se encuentra en un dilema. A medianoche recibe una visita inesperada y no tiene alimento para su huésped. Tiene dos opciones: violar las reglas de la hospitalidad y no ofrecerle comida a su visita, o ser tosco (rudo) con su vecino y despertarlo a esa misma hora para pedirle pan. Optando por esta última opción, despierta a su vecino.

B. Controversias y correcciones (11.14-54)

1. Controversia: una casa dividida (11.14-23)

El antagonismo a la misión de Jesús se expresa de nuevo en los siguientes episodios. Las controversias comienzan con una actividad típica de Jesús, echar fuera un demonio. Vemos aquí tres reacciones de parte de la multitud: admirar a Jesús, murmurar sobre la fuente de su poder de echar fuera demonios y demandar una señal para creer. Jesús responde primero a la alegación de que él es siervo de Beelzebú.

Muchos entre los presentes estiman que la potestad de echar fuera demonios proviene de Satanás, quien según su opinión está obrando a través de Jesús. Jesús por su parte describe la guerra espiritual en pie en su ministerio. Los milagros que él hace manifiestan el Reino de Dios en medio de ellos: el Reino ha llegado. Su presencia es una invasión al territorio controlado por Satanás, el hombre fuerte que guarda la casa. Pero en Jesús encontramos uno todavía más fuerte, de modo que la casa del fuerte (Satanás) es despojada por Jesús. En este conflicto, añade Jesús, no existe la neutralidad. Quien no recoge los despojos con Jesús está contra él.

2. El espíritu inmundo que vuelve (11.24-26)

Una de las consecuencias del postmodernismo en que vivimos es que tratamos de mantenernos neutros en todo. El resultado es un vaivén, una inseguridad en la vida que quita la paz, que destruye la relación con Dios y deja a la persona ahogándose en su miseria, sin esperanza de rescate. Tal es el caso de quien, tras conocer los caminos del Señor y participar en la peregrinación de fe, decide ausentarse de la comunidad. La casa que es la vida de tal persona está limpia, barrida y ordenada; pero no tiene ocupante que se encargue de darle mantenimiento. Con el tiempo los espíritus inmundos se apoderan de ella nuevamente. Pero ahora su condición es mucho peor que antes, pues su miseria presente va acompañada de su memoria de la comunión con Dios y la participación en la comunidad de fe.

3. Verdaderamente bienaventurados (11.27-28)

La admiración de una mujer entre los oyentes representa la reacción de muchos. Ven los milagros de Jesús, oyen sus palabras y, aunque se declaran dichosos por el privilegio de haber oído las palabras, permanecen indecisos. Jesús corrige su admiración neutra: mucho más dichosos son los que oyen y obedecen las palabras del Reino de Dios.

4. La señal de Jonás (11.29-36)

La multitud va creciendo, y Jesús continúa enseñando. Esta vez responde a quienes le piden una señal. La respuesta viene en dos párrafos que a primera vista no tienen nada en común. La conexión entre los dos párrafos es el uso del vocablo «perverso» para referirse a esta generación en el versículo 29 y al ojo en el 34. Esta conexión indica que la generación es perversa precisamente porque tiene ojos perversos. Al ver los milagros con tales ojos, no ven ni entienden la señal que presentan, y piden otra señal.

Es común interpretar la señal de Jonás como una referencia a la resurrección de Jesús y la experiencia del profeta Jonás. Por tanto, se sugiere que así como Jonás estuvo tres días dentro del pez y regresó a predicarles a los ninivitas, así Jesús estará en la tumba tres días y después regresará. En el evangelio de Marcos esa interpretación es válida, pero en Lucas no concuerda con este pasaje. En nuestro evangelio el punto de comparación no es la estadía del profeta por tres días en el pez, sino la proclamación del profeta con la de Jesús. A la predicación del profeta Jonás, los ninivitas se convierten. La reina del sur vino a escuchar las palabras (es decir, la proclamación) de Salomón. Jesús declara que él es superior a ambos, Jonás y Salomón, de modo que sus palabras son la señal que esta generación necesita.

5. Los líderes religiosos son censurados (11.37-54)

Jesús se encuentra en un banquete en casa de un fariseo. Se sienta a la mesa y lo hace sin lavarse las manos, acción que sorprende y seguramente ofende al fariseo. Los judíos eran fastidiosos en ciertas costumbres públicas, entre ellas las abluciones que simbolizaban la limpieza ceremonial. La tradición judía describe estas abluciones (Gn 18.4; Jue 19.21; Josefo Antigüedades 2.8.5 §129) y su importancia, pero en ningún lugar se presentan como regulación para todos. Los sacerdotes sí estaban obligados a ciertas abluciones, particularmente antes de servir en el templo.

Pensando el anfitrión en estas cosas, Jesús dirige una severa censura a los líderes religiosos allí congregados. La censura toma la forma de una condenación general a la hipocresía, seguida por seis ayes que elucidan la forma sutil en que esa hipocresía se manifiesta. Los seis ayes se dividen en dos grupos de tres, y la segunda triada es en respuesta a la inquietud de uno de los presentes. Jesús denuncia a los fariseos por fijarse en lo exterior (actos y ritos vistos por todos) y pasar por alto lo esencial en su conducta. Es absurdo, dice Jesús, preocuparse por la condición exterior de la copa mientras por dentro está llena de maldad. La maldad dentro de la copa se identifica con la avaricia, pues el dar limosnas pone la necesidad de otro como prioridad por encima del provecho propio. Jesús añade que los diezmos no se deben usar para encubrir la falta de justicia y de amor a Dios, como indica Miqueas 6.8.

Uno de los invitados intenta aliviar la tensión ocasionada por Jesús y recibe por recompensa tres ayes más. Los intérpretes de la ley son acusados de falsa superioridad espiritual al echar cargas sobre otros que ellos mismos no pueden soportar. La idea es que ellos hacen conocer los requisitos de la ley en público, pero no tienen intención alguna de cumplirlos. Jesús insinúa que son los religiosos quienes rechazan a los profetas y a todo enviado de Dios (incluso Jesús mismo) y al fin matan a los emisarios de la gracia divina. Sin embargo, después de su muerte, los reverencian. Básicamente estas acusaciones advierten a la iglesia moderna a ser sensible ante las necesidades a su derredor, a practicar su fe en justicia.

El resultado de estas acusaciones es la abierta hostilidad de los líderes judíos. A partir de ahora tenderán trampas para eliminar a Jesús.

C. El discípulado: confiar en Dios (12.1-48)

1. La levadura de los fariseos (12.1-3)

Lucas 12.1-12 es una colección de dichos de Jesús que es difícil de unir bajo un mismo tema, aunque algunos intérpretes sugieren que son una colección de enseñanzas sobre la lealtad a Jesús.

La advertencia contra la levadura de los fariseos parece ser inspirada por la gran popularidad de Jesús, evidente en la gran multitud que se atropella sobre sí misma. La popularidad es pasajera, como Jesús bien sabe, y el peligro está en que movido por su éxito el predicador desee impresionar a su audiencia en vez de proclamar el Reino de Dios. Proclamar la Palabra de Dios por el prestigio y la fama que pueda resultar es hipocresía. El adverbio «primeramente» puede indicar orden cronológico: los discípulos son los primeros en recibir la palabra o puede indicar prioridad como «lo más importante que deben tener en mente». La idea de prioridad cae mejor en este contexto; o sea, Jesús advierte a sus discípulos que sobre todo tengan cuidado de su éxito, pues pueden terminar en la ruina. Esto ocurre cuando el mensajero piensa que la muchedumbre se congrega para verle y oírle y olvida que no es más que un siervo que anuncia la palabra de Dios.

2. Temer a Dios (12.4-7)

Al otro extremo del impulso de impresionar está el temor ante quienes pueden hacerles daño físico, y hasta matar, a quienes con sus vidas atestiguan su alianza con Jesús. Pero la muerte física no tiene la última palabra, pues la perspectiva bíblica presupone la vida eterna en comunión con Dios. Para esas otras personas que no están en comunión con Dios, la segunda muerte es la terrible realidad. Solamente Dios tiene la potestad para condenar a muerte perpetua. El temor a Dios es una perspectiva importante para el discípulo, pero más importante es estar al tanto de que Dios cuida de los suyos. Si Dios en su providencia provee para los pajarillos, ¿no se interesará más aún por sus seguidores? La realidad de esta enseñanza se pierde en el meollo de nuestras circunstancias. Sabemos muy bien que hay fieles siervos del Señor que sufren opresión y persecución, muchas veces por su relación con Jesús, y que algunos hasta son encarcelados y asesinados. Pero esto no niega la realidad de este dicho. Una vez más, tenemos que tener la perspectiva de eternidad.

3. Confesar a Jesús (12.8-12)

Por razón de lo dicho, todo discípulo que confiesa con su vida que es discípulo incluso cuando las circunstancias de la vida le advierten que esa confesión será costosa, sabe que Jesús mismo confesará su nombre. Las palabras del autor de Hebreos reflejan esta enseñanza: «Por tanto, él no se avergüenza de llamarlos hermanos».

Lucas 12.10 es uno de las dichos más enigmáticos de Jesús, y por tanto también de los más debatidos hasta el día de hoy. ¿Cómo es que quien habla en contra de Jesús será perdonado mientras que quien blasfema en contra del Espíritu Santo no lo será? «Hablar contra el Hijo del Hombre» es una referencia a quienes han acusado a Jesús de hacer obras milagrosas a través del poder demoníaco, como vimos en el capítulo anterior. Tales acusaciones representan un acto en particular: el rechazo de Jesús como el Mesías de Dios. Aun eso es perdonado. Pero la blasfemia contra el Espíritu, no. Para entender esto es necesario saber a qué se refiere la blasfemia contra el Espíritu. Varias opciones se han sugerido: (1) algunos opinan que simplemente es una referencia a Lucas 11.5 en adelante, y que son solamente los que blasfemaron en ese caso en particular los que no recibirán perdón; (2) según Orígenes y otros padres de la Iglesia, la blasfemia contra el Espíritu Santo es una referencia a los apóstatas como Marción; es decir, a personas que conociendo bien al Señor y siendo recipientes de su gracia salvadora, tornan la espalda y activamente obran en contra de la fe que previamente confesaban, y (3) todavía otra opción sugiere que hablar contra el Hijo del Hombre consiste en rechazarlo durante su ministerio terrenal mientras que la blasfemia contra el Espíritu Santo consiste en rechazarlo después de oír la predicación de los apóstoles, quienes predican con la autoridad del Espíritu Santo. Para este comentarista esta última opción parece preferible. El Hijo de Dios se humanizó y su gloria estaba «disfrazada» o «velada» en el hombre Jesús durante su vida terrenal. Quienes lo oyeron y vieron sus obras solamente tenían conocimiento limitado porque la humanidad de Jesús les dificultaba ver abiertamente quién era Jesús. En esa incertidumbre blasfeman contra el Hijo del Hombre. Pero, la blasfemia contra el Espíritu Santo se refiere a un rechazo permanente que refleja una actitud de corazón endurecido; una actitud persistente y decisiva contra la obra del Espíritu Santo en la persona misma que blasfema. En otras palabras, es una referencia a la resistencia que se levanta contra la operación del Espíritu en la persona. Escuchando el mensaje de salvación, la persona recibe la gracia de Dios que le ayuda a comprender exactamente la oferta que tiene por delante. Pero resiste y finalmente rechaza esta operación, negando la obra del Espíritu a su favor. Cuando una persona se obstina fuertemente y rechaza el mensaje de esta manera, no recibe perdón.

Después de alertar a su audiencia en cuanto a la blasfemia contra el Espíritu, Jesús añade unas palabras de seguridad para sus discípulos. La oposición al ministerio de Jesús apunta hacia la posibilidad de que sus seguidores enfrentarán el antagonismo de quienes resisten la obra de

Dios. Arrastrados ante las autoridades, tendrán que presentar su defensa sin preparación alguna. Jesús les asegura que el Espíritu Santo les dará las palabras necesarias.

4. Parábola del rico insensato (12.13-34)

Más que en cualquier otro punto, la ética de Jesús confronta a nuestra cultura en su enseñanza en cuanto al uso de las riquezas. Es aquí donde la autojustificación ha cegado nuestra perspectiva cristiana de tal forma que no podemos captar la esencia de la enseñanza de Jesús. Pensamos que nunca tenemos suficiente para nuestras necesidades. El que tiene recursos piensa en acumular más, pretensión que termina en la avaricia (vv. 13-21), que es idolatría. El que no tiene recursos se preocupa desordenadamente por la comida y el vestido de mañana, condición que conduce a la ansiedad.

En este pasaje, Jesús es invitado a entremeterse en una disputa familiar. No era rara la práctica de solicitar la ayuda de líderes religiosos para resolver disputas sobre herencias. Debemos tener en cuenta que el solicitante no busca un árbitro, sino un abogado que defienda su causa. Al tiempo que rehúsa la invitación, Jesús usa la ocasión para hablar sobre la avaricia. La vida consiste en algo más que solamente la acumulación de posesiones. Esta es la enseñanza que desafía la obsesión materialista del ser humano, particularmente en nuestros tiempos.

La parábola del rico insensato se refiere a las preocupaciones por lo superfluo: este hombre tiene más que suficiente, pero desea almacenar más para el futuro. Para el discípulo, el dejarlo todo para seguir a Jesús implica que hasta los bienes indispensables para sobrevivir pierden su valor ante el deseo de servir al Señor. La denuncia de la insensatez del rico proclama que la verdadera riqueza se encuentra en Dios. «Por lo tanto» tiene el sentido siguiente: «Si uno quiere enriquecerse en Dios, he aquí lo que hay que hacer: no os preocupéis . . .» El vocablo afán designa la preocupación que uno siente por alguien y el cuidado por alguna cosa, particularmente una preocupación ansiosa. En la literatura sapiencial hebrea las preocupaciones van asociadas a los insomnios, al agotamiento físico y a la amargura del trabajo ingrato (Ec 6.7; 4.4-6). Según las Escrituras, el afán termina en fatiga, y en su lugar se propone un descanso basado en una existencia modesta. El objeto de las preocupaciones en este pasaje son el alimento, el vestido y el alojamiento, la triada de los bienes indispensables de la vida. Todo ser humano necesita alimento, vestido y alojamiento. Ciertamente debemos luchar para que quienes carecen de estas cosas obtengan acceso a ellas. Pero aquí no se trata de satisfacer las necesidades básicas, sino de estar preocupados por ellas; es decir, de cuando la vida está dirigida solamente a obtener tales cosas, y el valor de la persona se determina por la variedad y cantidad de lo que tiene. La vida, dice Jesús, es más que los alimentos y más que el vestido. El verdadero valor de cada persona se encuentra en su relación con Dios, ya que el ser humano es creado para vida eterna y la calidad de esa vida eterna se determina por la actitud que se tiene hacia Dios. Al decir que el ser humano vale más que lo que lo alimenta y lo viste, Jesús invita a sus discípulos a preocuparse por lo que es fundamental, y no por lo que los sostiene provisionalmente.

«Considerad» llama la atención el contraste que sigue. Jesús emplea un método rabínico de razonamiento llamado «de lo ligero a lo pesado». Básicamente este método de comparación dice que lo que se aplica en lo menor, lo más pequeño o más ligero, se aplica con más fuerza en lo mayor, lo más pesado. Por tanto, si Dios cuida de las aves y de los lirios del valle, que ni siembran ni siegan, ni tienen almacenes ni hilan, ¿no cuidará Dios sus seguidores? La hierba del campo se goza en su breve esplendor; pero ese esplendor es tan pasajero que hoy la hierba brilla y mañana sus mismos admiradores la echan en el horno para cocinar o para calentar la casa. El afán es inútil. Si ningún acto de preocupación resulta en un aumento de estatura, ¿de que vale preocuparse? Pero los discípulo de hoy vivimos en una sociedad en la que el afán parece ser un arte.

La seguridad de que Dios cuida los suyos hace que los discípulos confíen en Dios para su sostén diario (Lc 11.3), sin preocuparse por sus necesidades básicas. La búsqueda de sostén provisional indica un corazón que no confía en Dios, es decir, incrédulo. La confianza del discípulo es tal que «no busca» lo necesario para vivir. Aquí «buscar» no implica ser irresponsables al proveer para nuestras necesidades y las de quienes dependen de nosotros, sino la idea de preocuparse tanto por estas cosas que lo más indispensable se deje a un lado. En vez de preocuparse por el sostén pasajero, el discípulo intensifica su búsqueda del Reino de Dios, y depende de Dios para su sostén.

No solamente se amonesta al discípulo a no afanarse por su sostén pues Dios proveerá, sino que su confianza en Dios ha de ser tan radical que venda sus bienes y dé ofrendas a los necesitados. En el judaísmo dar limosnas y ofrendas era una de las características del creyente fiel. La búsqueda del Reino de Dios por encima de todas las cosas implica que el creyente ha de satisfacer las necesidades de otros en vez de buscar su propio beneficio, mostrando generosidad con lo que posee. En otras palabras, los bienes que poseemos se utilizan para realizar la obra de Dios a favor de los menesterosos, así es como se busca intensivamente el Reino de Dios. Esta actividad resulta en un tesoro que permanece y al cual nada puede afectar.

5. El siervo vigilante y el siervo infiel (12.35-48)

Continuando su lección sobre el discipulado, Lucas ahora presenta la necesidad de vivir en un estado de vigilancia perpetua. Esta vigilancia incluirá una vida de mayordomía fiel, dedicada al servicio del Maestro. La enseñanza se presenta en cuatro dichos que, aunque independientes, en conjunto exhortan al discípulo a conducir su vida «entre los tiempos». Primero, en los versículos 35-36 tenemos una brevísima parábola sobre cómo vivir en preparación constante. Se pronuncia una bienaventuranza (37-38) sobre aquellos siervos cuyo amo encuentra velando por su venida. La bienaventuranza conduce lógicamente a otra breve parábola (39-40) que enfatiza la necesidad de estar preparados para la venida del amo a cualquier hora. Finalmente en la parábola de los dos mayordomos (el fiel y el infiel) Jesús concluye esta enseñanza con una advertencia sobre las consecuencias de servir en fidelidad (41-48).

Empleando dos metáforas bien conocidas en el mundo antiguo («ceñid vuestros lomos» y «encendidas vuestras lámparas»), Jesús describe la postura de expectativa que debe dominar la vida del discípulo. Los mantos largos y holgados usados en aquellos días hacían dificultosa la marcha larga y el trabajo físico. Los «lomos ceñidos» expresan la necesidad de estar listos para el esfuerzo máximo. Con el perfecto del imperativo (*periezosmenai*) «ceñid» Lucas enfatiza que el acto de estar preparado es continuo en la vida del discípulo. La disponibilidad al trabajo se acentúa con la metáfora de las lámparas encendidas. La falta de luz limitaba la oportunidad de actuar, mientras que tener la lámpara encendida evitaba demora alguna en la obra. Además la noche se reservaba para el descanso, y el siervo debe estar dispuesto a echar a un lado sus propias necesidades de descanso para complacer al Maestro.

El Señor pronuncia una bienaventuranza sobre quienes obedecen el requerimiento de estar preparados sin importarles la hora de la noche. No solo reciben bendiciones de parte del Maestro, sino que reciben además una inesperada bendición: al llegar, el Señor hará que estos siervos se sienten a la mesa, y él les servirá. Esta acción de parte del Señor acentúa aún más la importancia de la vigilancia en forma de servicio. Si el Señor está presto para servirnos, ¿no debemos nosotros servirnos los unos a los otros?

Empleando la inconveniente e inesperada llegada de un ladrón, la parábola de los versículos 39-40 indica que el siervo debe aprovechar toda oportunidad de servicio que tiene, ya que no sabe cuándo el Maestro ha de venir.

A partir del versículo 41, la pregunta de Pedro dirige la atención del lector hacia los líderes de la comunidad de fe. Jesús no responde explícitamente a la pregunta, sino que indica que se espera más de los líderes de la comunidad (como Pedro, los apóstoles y todos los líderes cristianos hasta el día de hoy), ya que ellos han recibido mucho más que los demás. Por eso, Jesús cambia de metáforas y emplea la idea del mayordomo, o supervisor; o sea una persona que tenía responsabilidad por dirigir y administrar los asuntos del amo. El mayordomo infiel, aquel que piensa en su propio bien y no en su responsabilidad ante el Señor, malgasta el tiempo bebiendo y comiendo —esto es, satisfaciendo sus necesidades en aquellas áreas por las que que el Señor indicó antes arriba que no debía afanarse y es por tanto digno de azotes. ¿Por qué? Porque sabiendo muy bien que el Señor iba a regresar no cumplió ni perseveró en su tarea de trabajar para el Maestro. Aun aquellos mayordomos que no entienden del todo son dignos de azotes si no hacen lo que se demanda de un mayordomo: ante todo, la fidelidad a su amo. Por ser receptores de grandes bendiciones de parte de nuestro Señor es nuestra responsabilidad utilizar todo lo que hemos recibido en la propagación de su Reino. La falla en estos deberes es digna de censura divina.

D. El discipulado: la urgencia del tiempo (12.49–14.24)

En esta etapa en la jornada hacia Jerusalén, Lucas dirige la atención de los lectores a la necesidad de estar conscientes del tiempo. El resultado obvio de las controversias será el rechazo total de Jesús por parte de los líderes religiosos. La división creada por estas controversias requerirá que los discípulos usen bien el tiempo disponible. Esta sección concluirá con dos parábolas que insisten en que los originalmente convidados a las bodas o al banquete no son admitidos, mientras que otros sí participan en el banquete.

1. Reconocer el tiempo (12.49-59)

La instrucción del discípulo continúa con tres temas más. La fe en Jesús causará división en la armonía familiar (49-53). Los discípulos deben ser tan aptos para discernir el clima espiritual como lo son para el clima tempestuoso de Palestina (54-56). El discípulo es como quien, encontrándose en el camino con su acusador, se asegura de arreglar cuentas con él antes de estar obligado a servir sentencia en la cárcel (57-59).

2. Lecciones para Israel (13.1-9)

La necesidad de arreglar cuentas con el adversario mientras exista la posibilidad se expande en una serie de pasajes cuyos temas incluyen el arrepentimiento, el rechazo del pueblo judío y la plegaria del Señor por los suyos.

En los versículos 1-5, la indicación «En aquella misma ocasión» afirma la conexión de este episodio con 12.57-59. Entre el gentío hay personas que aprovechan la ocasión, incitados seguramente por el sentido de urgencia evidente en 12.54-59, para narrar una tragedia reciente en la nación. El gobernador romano Poncio Pilato causó la muerte de unos galileos mientras ofrecían sacrificios en el Templo. Aparte de estos detalles, nada sabemos de este evento. Ninguna otra fuente histórica conserva datos al respecto, y por tanto algunos dudan de su autenticidad. Sin embargo, el evento corresponde al carácter de este gobernador, según Josefo lo describe (Guerras Judías 2.94; Antigüedades 18.3.2).

Por qué estas personas llaman la atención de Jesús hacia este evento, no está claro en el texto. Algunos intérpretes opinan que era otro intento de probar a Jesús. En tal caso, sería para determinar su alianza política. Aunque existe esta posibilidad, es mejor ver aquí un esfuerzo para desviar el discurso de Jesús del tema que está a la mano. La idea de arreglar cuentas con el acusador insinúa que todos tienen la necesidad de saldar cuentas. Al oír esta declaración, queriéndose justificar, estos interlocutores de Jesús introducen en el argumento la cuestión de si algunos («estos galileos») merecen más castigo que otros. La referencia al evento histórico y el comentario de Jesús clarifican que la referencia al «acusador» en 12.57-59 es nada menos que a Dios mismo. Algunos entre el gentío comprenden muy bien las implicaciones de lo que Jesús dice y tratan de quitarle la fuerza a la aplicación de esas palabras a su propio caso. ¿Será que Dios está pagándoles a estos por lo que sus pecados merecen? Las palabras de Jesús sugieren que la razón por cual estos eventos son tan trágicos es porque exponen la mortalidad del ser humano. En el mundo la muerte es real, y la muerte de repente es particularmente trágica, ya que le roba al ser humano la oportunidad de arreglar cuentas. Todo ser humano morirá, y la tragedia consiste en que en algunas ocasiones no existe la oportunidad para reflexionar, ni siquiera momentáneamente, sobre la partida a la eternidad. La humanidad vive con la idea de que el tiempo que le resta en el camino es suficiente para llenar todas sus necesidades, aun las de arreglar cuentas con Dios. Pero puede ser que de repente llegue el final y no se haya tenido oportunidad para arreglar las cuentas. Esa sí es una tragedia con consecuencias eternas. Sin arrepentimiento, afirma Jesús, todos perecerán. «Perecer» en este caso se refiere a lo que el cristianismo designará como «la segunda muerte», esto es, el juicio final. Por lo tanto, Jesús llama al pueblo al arrepentimiento (*metanoete*), ese cambio de pensar que pone las cosas de Dios primero, y que resulta en un intenso amor a Dios y al prójimo. Es tener una mentalidad centralizada en las enseñanzas de la fe cristiana.

La parábola de la higuera, en los versículos 6-9, ilustra la prioridad del arrepentimiento en la nación. La higuera se reconoce como símbolo de Israel en el Antiguo Testamento y en la tradición judía. Junto a la vid, era símbolo de la instalación en la tierra prometida. Plantar una higuera en medio de una viña no era extraño, como notamos en 2 Reyes 18.31 y en Miqueas 4.4. El hombre espera fruto de su higuera por tres años, pero no encuentra fruto alguno. La conexión entre el arrepentimiento y el fruto se menciona anteriormente en Lucas 3.8, donde el Bautista proclama: «producid fruto digno de arrepentimiento». Al ver que su higuera no tiene fruto, el hombre le ordena al viñador que la corte. El sentido de justicia requiere que el lugar de la higuera sea utilizado por otra más fértil. Sus oyentes claramente comprenden que Jesús está hablando del pueblo escogido. La imagen era muy bien conocida. ¿Qué hará el Señor con su higuera? Aquellos israelitas fieles entre la audiencia, es decir quienes verdaderamente conocían a su Señor, temerían que tuvieran que esperar a que el dueño cortara la higuera. Pero no es así que Jesús concluye la parábola. El viñador sugiere: «Señor déjala un año más, hasta que yo cave alrededor de ella y la abone». Tales palabras resuenan con una de las afirmaciones más significantes del Antiguo Testamento: «Jehová, Jehová, Dios compasivo y clemente, lento para la ira y grande en misericordia y verdad» (Ex 34.6). El dueño no abandona su higuera en su infertilidad. Sí, él espera fruto, pero hará todo lo posible para que su pueblo produzca fruto. Cavar y abonar representan los esfuerzos del Señor Jesús (el viñador) para conducir al pueblo al arrepentimiento. ¿Cómo responderá la higuera? No obstante la clemencia y la misericordia del Señor, la parábola concluye con la amenaza del castigo final: «Si da fruto en el futuro, bien; y si no, la cortarás».

3. Curación de una mujer en el sábado (13.10-17)

Aquí Jesús usa su autoridad y su poder para sanar a una mujer lisiada por dieciocho años, aunque el énfasis central del episodio es que este milagro ocurrió en sábado. Lucas nos da los detalles mínimos para comprender la enseñanza y nada más (un sábado en una sinagoga Jesús enseña). En la asamblea se encuentra una mujer que ha sido atormentada por un espíritu maligno por dieciocho años. La expresión «que tenía un espíritu de enfermedad» literalmente dice «un espíritu de debilidad». La frase es única en Lucas y tiene el sentido de que el espíritu se había difundido por todo el cuerpo de la mujer para encorvarla. Aparentemente padecía de una deformación en la parte inferior de la columna vertebral que resultaba en una postura permanente curvada; es decir, era incapaz de enderezarse.

Es una escena que da lástima y debe conmover a toda persona que se encuentre ante su presencia, incluyendo a todos los congregados en la sinagoga. Viéndola Jesús, tiene compasión de ella y la llama, diciéndole «Mujer, eres libre de tu enfermedad». Jesús pone sus manos sobre ella y al instante se endereza. La mujer es recipiente de la pura gracia de Dios. Ella no pide por sí misma y Lucas no añade detalles de su fe. Esta falta de detalles sirve para enfatizar la autoridad y el poder de Jesús para sanar en sábado. Naturalmente la mujer responde glorificando a Dios por su curación, con lo cual cumple con los deberes sabatinos de glorificar a Dios por su magnificencia y su poder.

La reacción del principal de la sinagoga (*archisunagogos*, oficial a cargo del culto) es muy diferente a la de la mujer. Este se enoja porque Jesús sanó en sábado. Pero, en vez de reprender a Jesús por su obra, les dice a quienes están glorificando a Dios por el milagro a favor de la mujer: «seis días hay en que se debe trabajar; en estos, pues, venid y sed sanados, y no en sábado». Las palabras son dirigidas al pueblo con la intención de advertirles sobre Jesús. Es como si dijera, «Si este fuera verdaderamente hombre de Dios, sanaría cuando es lícito trabajar, y no en sábado». De acuerdo a la Ley no se permitía hacer trabajo alguno en el día de descanso (Ex 20.8-11; Dt 5.12-15). Los reglamentos rabínicos prohibían 39 diferentes tipos de trabajo en sábado, entre ellos la curación. Para el dignatario de la sinagoga Jesús había trabajado. Pero consideremos lo que hizo Jesús en este episodio: habló a la mujer y la tocó. Eso es todo.

Cuando es su turno, Jesús acusa al principal de la sinagoga de hipocresía. Jesús ofrece un contraste entre las necesidades básicas de los animales domésticos y la atadura satánica de una hija de Abraham. Las necesidades de esos animales exigen que sus dueños trabajen aun en sábado. Jesús define el sábado como día de liberación, mientras el dignatario lo define a través de sus prohibiciones: hay seis días para trabajar, y por tanto no esperen curación en sábado. ¿Cuántas veces se había encontrado la enferma con los oficiales de la sinagoga y ellos, careciendo de la autoridad y el poder para sanarla, no le ofrecieron socorro? Aparentemente ninguno de los otros días era lícito para sanar a la mujer. Jesús al verla discierne su necesidad, se conmueve a compasión e inmediatamente obra la cura.

El resultado del glorioso evento es la división en el pueblo. El principal de la sinagoga y otros, habiéndose enojado, ahora se avergüenzan mientras que el gentío se regocija.

4. *Parábolas de la semilla de mostaza y de la levadura (13.18-21)*

Al comenzar su ministerio Jesús declara que vino a sanar a los enfermos y a anunciar el día favorable del Señor, esto es, la venida del Reino de Dios. El episodio de la mujer encorvada conduce lógicamente («Por tanto...») a enseñanzas sobre el Reino de Dios. ¿Por qué? Porque el poder de Satanás, quien había atado a la mujer por dieciocho años, se enfrenta a uno mucho más poderoso, a uno que inaugura el Reino de Dios.

Las parábolas del grano de mostaza y de la levadura enfatizan la aparente insignificancia del Reino en su comienzo y su grandeza en su culminación. En el grano de mostaza encontramos una de las semillas más pequeñas, la cual crece y llega a ser un árbol digno de ser guarida para muchísimas aves. Hay dos imágenes centrales en la primera parábola. De algo pequeño e insignificante, crece algo enorme. Los observadores hoy no deben basar su opinión del Reino por su condición presente. El comienzo del Reino es pequeño, particularmente ante los ojos de los adversarios, pero su grandeza en el futuro será una maravilla. Además del contraste entre el comienzo y el fin del Reino —la segunda imagen, la de un árbol que provee albergue y sombra— es notable también. «Las aves del cielo» puede referirse a la incorporación de los gentiles en el Reino de Dios (el árbol). Toda la humanidad encuentra en el Reino toda la protección que necesita para así alcanzar su meta como criaturas hechas a imagen de Dios.

La parábola de la levadura representa la transformación inevitable de la sociedad al tener contacto con el Reino. Una medida insignificante de levadura leuda casi cincuenta libras de harina. La influencia del Reino no se debe analizar por su aparente insignificancia de ahora. A la postre toda la creación será afectada en forma positiva por la presencia del Reino.

5. La puerta estrecha (13.22-30)

El comienzo humilde e insignificante continúa siendo el tema en la enseñanza que sigue, la puerta estrecha. Camino hacia Jerusalén, alguien pregunta: «¿Son pocos los que se salvan?». A primera vista, la respuesta de Jesús parece ambigua. Los oyentes reciben instrucciones de esforzarse por entrar, aunque algunos al esforzarse encuentran la puerta cerrada. En medio del discurso Jesús cambia su metáfora, abandonando la de la puerta angosta, pues ahora el banquete es el punto de comparación. Aunque la puerta es angosta y pronto será cerrada, encontramos multitudes que participan en el banquete mientras que otros quedan fuera.

Jesús responde a la pregunta con una exhortación que es en realidad una advertencia. Empleando una frase atlética («esforzaos»), Jesús exhorta a obrar diligentemente para poder entrar por la puerta angosta. Este esfuerzo no es tanto en obras para la salvación, sino en estar atento a la palabra de Dios y en responder con fe. La advertencia que la puerta pronto será cerrada indica que la oportunidad de responder se limita a un tiempo específico: es urgente que cada cual responda de inmediato, pues no se sabe cuándo el dueño cerrará la puerta. Además la imagen de la puerta angosta sugiere que se salvarán menos de los que los oyentes esperarían. Esta selectividad aumenta en el cambio mismo de las metáforas. Algunos que piensan que han entrado por la puerta angosta encuentran que al intentar el acceso al banquete celestial no obtienen entrada. Estos claman que antes han cenado con el Señor y oído sus enseñanzas. Sin embargo, el Señor no los conoce («No sé de dónde sois») y los describe como hacedores de maldad. Esta es una solemne advertencia para quienes se imaginan estar cerca del Señor. Se sentaron a la mesa con el Señor, escucharon sus palabras, fueron testigos oculares de las maravillosas hazañas que él hizo. Tristemente esos privilegios no garantizan la entrada en el banquete celestial (el Reino de Dios). ¿Por qué? Porque Jesús no los conoce pues no han depositado su fe completa e incondicionalmente en él. No han cambiado sus vidas, son hacedores de iniquidad. Estos han vivido con falsas esperanzas, tan cerca del Reino de Dios, pero en realidad tan lejos.

Encontrándose afuera, los rechazados ven a otros sentados a la mesa, quienes según su opinión no deberían tener acceso al banquete. Entonces será el crujir de dientes, una expresión que expresa la consternación producida al ver que los de la casa son echados fuera y los de fuera son invitados a entrar.

6. Lamento de Jesús sobre Jerusalén (13.31-35)

La jornada a Jerusalén continúa. Unos fariseos favorablemente dispuestos hacia Jesús le avisan de que Herodes quiere matarle. Quizás en su misma advertencia pretenden sugerir que Jesús no debe seguir su jornada a Jerusalén. Jesús responde en tono de menosprecio. Ser llamado «zorra» describe la actitud engañosa del designado: en esa cultura, era como ser llamado «rata» hoy. Pero Jesús añade que seguirá con sus planes de ir a Jerusalén. Así que, si Herodes le quiere matar, tendrá que ir allá. No obstante la oposición humana (Herodes), Jesús llevará a cabo su obra, pues el plan divino («es necesario») exige que Jesús siga su camino. No importan los deseos de los poderosos; Jesús fielmente seguirá el plan divino. No cabe duda de que la referencia al tercer día apunta hacia la resurrección al tercer día, como acto que completa la obra de Jesús.

El capítulo cierra con un oráculo en forma de lamento. Mostrando afinidades con la tradición profética, Jesús pronuncia un lamento por la ciudad de su destino, Jerusalén. Quiere proteger la ciudad bajo sus alas, pero el pueblo no quiere acudir bajo su sombra protectora. Por tanto, «vuestra casa os es dejada desierta; y os digo que no me volveréis a ver hasta que llegue el tiempo en que digáis: Bendito el que viene en nombre del Señor». El rechazo de Israel resultará en la destrucción del pueblo, como ya se ha advertido en varios episodios anteriores. Dejar la casa desolada implica que Dios abandonará el Templo.

7. Jesús sana en sábado (14.1-6)

En nuestro evangelio el banquete es una de las avenidas favoritas para presentar la interacción de Jesús con otros, particularmente con oficiales del judaísmo y para transmitir dichos, hechos y enseñanzas de Jesús. Lucas 14.1-24 contiene cuatro episodios que tienen lugar mientras Jesús participa en un banquete con un dignatario entre los fariseos y otros invitados. Básicamente los episodios son críticas contra los fariseos y a través de ellos contra la religiosidad de su época, particularmente contra su interés en observaciones legales sin compasión y amor. En contraste con los fariseos y su interés en el estatus, quienes quieran ser discípulos de Jesús deben contar con el costo que esto representa, ya que Jesús demanda una entrega total, una renuncia de todo lo que se posee.

La ocasión se introduce sin detalles: cierto sábado Jesús se reúne en casa de un fariseo de importancia para compartir una cena. Estas cenas eran más que ocasiones para comer juntos. Funcionaban como ocasiones para que los invitados de honor, en este caso Jesús y el fariseo, dialogaran sobre algún tema del interés de ambos. Aparte de los invitados a la cena, otros observaban y escuchaban los procedimientos desde cierta distancia. Debido a la posición social del fariseo, es fácil imaginarnos una gran compañía de hombres del mismo o semejante nivel social sentados a la mesa, y muchos más a su alrededor. Estos invitados observan cuidadosamente a Jesús. Su propósito es atrapar al Maestro en alguna palabra o hecho y así descalificar las demandas que él ha proclamado. La presencia del hombre hidrópico indica que esperaban de Jesús un acto en violación de las costumbres y leyes sabatinas. Conocían tan bien a

Jesús que podían predecir lo que el Maestro haría al encontrarse con una persona que sufría de hidropesía, una enfermedad que resulta en un derrame o acumulación anormal de líquido. La apariencia hinchada del hombre era suficiente para conmover a cualquier persona con sensibilidad ante las necesidades de otros. Aparentemente los fariseos han plantado a este hombre sabiendo muy bien que Jesús no se desentenderá de su sufrimiento (físico, emocional y social).

Teniendo en mente el acecho de los fariseos, Jesús presenta un dilema teórico digno de un debate rabínico. La necesidad de curación es obvia en el hidrópico: cualquier judío piadoso desearía la recuperación física de este pobre hombre. Pero era sábado, y según la Ley se prohibía hacer curas en sábado. Con este dilema en mente Jesús pregunta: «¿Es lícito sanar en el día de reposo?». Quienes vinieron a la cena con intención de atrapar a Jesús se encuentran atrapados por la interrogación del Maestro. En efecto Jesús les dice: «Teniendo el poder y la autoridad de sanar a uno como este pobre hombre, ¿es lícito sanar en sábado o no?» Si se carece de poder y autoridad la pregunta no presenta dilema alguno. Responder que no es lícito negaría la curación del hidrópico, pero ciertamente confirmaría la Ley mosaica. La respuesta contraria afirmaría la necesidad de ofrecer socorro al hombre enfermo, pero negaría la validez de la Ley. Por tanto los contrincantes de Jesús callan y no responden, pues saben que carecen del poder para sanar cualquier día, sea sábado o no.

Jesús sana al hombre y además reprende a los participantes refiriéndose a una situación común de su tiempo. Nadie consideraba que las obligaciones sabatinas le prohibieran rescatar a su asno o buey si cayera en un pozo, aunque fuese sábado. Uno rescata a su bestia doméstica porque es suya y porque uno tiene la habilidad de rescatarla. La exigencia del momento demanda que uno suspenda las tradiciones sabatinas. La misma actitud debe existir al notar la necesidad de un enfermo como este hombre. El silencio de los religiosos de su día revela la dureza de sus corazones.

8. *Parábola de los convidados a las bodas (14.7-14)*

La incapacidad de tener compasión por el hidrópico condena implícitamente a los fariseos, y ahora Jesús condena sus actos en forma explícita. Al acercarse a la mesa, Jesús los observa compitiendo por los primeros asientos. La competencia por el estatus social es problemática en toda cultura humana. Jesús ofrece el antídoto: la humildad. En vez de buscar los mejores asientos, el discípulo debe poner a otros por delante de sí mismo. Además, al dar un banquete, el verdadero discípulo no invitará solamente a quienes pueden devolver la invitación o pueden ofrecer prestigio o privilegios sociales, sino que debe invitar a los más necesitados de la comunidad. Esta enseñanza va mano a mano con la obligación de tener compasión por el enfermo en los versículos 1-6. El verdadero carácter del creyente se demuestra en la manera en que trata a quienes pertenecen a un nivel social por debajo del creyente mismo.

9. Parábola de la gran cena (14.15-24)

La parábola del gran banquete provee un resumen de todo lo que Jesús la ha advertido al pueblo. Posiblemente en un intento de aliviar la tensión creada por la curación del hidrópico en el banquete, un participante sugiere que a pesar de nuestras diferencias, «¿no será maravilloso participar en el banquete del Reino de Dios?». Sus palabras presuponen que todos los presentes participarán en el banquete celestial. La pregunta y la respuesta que encontramos en Lucas 13.23 sugiere que muy pocos son salvos y entran a la cena celestial. Aquí, uno de los participantes sugiere que a pesar de las diferencias entre los judíos, todos esperan participar en el banquete celestial ya que todos son hijos e hijas de Abraham. Jesús responde al comentario con una parábola que desafía tal noción de privilegio por parte del pueblo judío.

Jesús narra la historia de un hombre que prepara un gran banquete e invita a muchos, quienes responden de antemano que será un gran privilegio asistir. Seguro de la asistencia de los invitados, el hombre procede con la preparación del banquete. Al llegar el día asignado, les anuncia a los invitados, a través de su siervo, que es el tiempo para celebrar el banquete, y les pide que vengan. Uno a uno todos se disculpan, insultando al hombre al rechazar la invitación que antes habían aceptado. Cada invitado ofrece lo que le parece ser una buena excusa para no asistir. El primero ha comprado un terreno y quiere ir a inspeccionar su adquisición. Está tan entusiasmado con su nueva propiedad, que no puede dejar su inspección hasta después del banquete. Prefiere romper vínculos de amistad y gozarse con su terreno. Otro ha comprado cinco yuntas de bueyes y va a probarlos. Igual que el primero, desea examinar la productividad de su nuevo equipo de cultivo. Estos dos no pueden esperar hasta después del banquete para inspeccionar sus adquisiciones. La tercera persona se excusa porque se acaba de casar y su esposa no puede asistir, pues no está entre los invitados, por lo que él tampoco irá. Sus relaciones familiares son más importantes que la invitación al banquete.

El siervo regresa y le informa al amo de las excusas. El hombre tiene ahora un dilema. El banquete está preparado y la comida está a la mesa, pero los invitados no pueden, o no quieren, asistir. No puede posponer el banquete, pero no quiere tener un banquete sin invitados. Decide entonces que llevará a cabo su banquete, así que invita a los «pobres, inválidos, a los cojos, y a los ciegos», aquellos mencionados en 14.13. Estos son los marginados de la sociedad. Llegando estos al banquete, todavía hay lugar para más participantes. Nuevamente el amo envía a su siervo a salir por los caminos y obligar a muchos a entrar. De cualquier manera el amo llevará a cabo su banquete y disfrutará de plena asistencia. En cambio, ninguno de los invitados disfrutará del banquete. La parábola termina abruptamente y el lector, como el oyente original, tiene que discernir su aplicación por sí mismo. El banquete es el Reino de Dios, y los invitados representan a Israel, el pueblo de Dios. Jesús viene anunciando la venida del Reino, mas el pueblo rehúsa la invitación. Por lo tanto, los marginados de la sociedad, aquellos despreciados por los líderes religiosos, reciben entrada al banquete.

E. El discipulado: lo que cuesta seguir a Jesús (14.25-35)

Multitudes acompañan a Jesús en el viaje a Jerusalén. Estos consideran la vida del discipulado. Jesús les invita a considerar con gran seriedad y compromiso lo que esto es. El discipulado no es fácil, y es necesario que quienes pretenden seguir a Jesús entiendan muy bien el costo de seguirle. El pasaje del gran banquete ilustra lo fácil de aceptar la invitación a primera vista; pero cuando llegue la hora decisiva, cuando el invitado se confronte con la realidad de su decisión, el verdadero discípulo encuentra que tiene que negarse a sí mismo, y abandonarlo todo para tener a Jesús. Jesús demanda absoluta devoción de parte de sus discípulos. El no acepta esfuerzos a medias. Por lo tanto el discípulo tiene que «aborrecer a su padre, madre, mujer, hijos, hermanos y hermanas y hasta su propia vida». No es que el discípulo odie a su familia. Aquí la palabra «aborrecer» tiene un significado comparativo, es decir que en comparación con Jesús, todo lo demás (incluso la vida misma) no tiene valor. En la parábola del gran banquete, los invitados estimaron que un terreno, las yuntas de bueyes y la esposa merecían más devoción que el participar en el Reino de Dios. En contraste con esto, los verdaderos discípulos no solamente estiman menos las relaciones pasajeras y los bienes de este mundo, sino que toman su propia cruz y siguen al Maestro. El discípulo está dispuesto a ser completamente rechazado por la sociedad, a ser condenado al ostracismo por seguir a Jesús.

Jesús ilustra su enseñanza con dos metáforas. La primera usa la figura de un hombre que decide construir una torre. Antes de comenzar la obra, el hombre sabiamente evalúa y analiza su habilidad de completar la obra, no sea que tenga que abandonarla a la mitad. Si no lo hace, y la tarea queda incompleta, la torre, en vez de ser evidencia de su grandeza, será evidencia de su incapacidad. La segunda ilustración presenta a un rey a punto de ir a la guerra. Encontrándose en desventaja militar, este considera si sus pocos soldados son suficientemente capaces para derrotar una fuerza mayor. Si ve que no es posible, entonces hace negociaciones para la paz antes de destruir su propia nación. Aquel que considera ser discípulo debe de contar con el costo de su decisión. El costo es una entrega total e incondicional a la voluntad de Jesús.

El capítulo concluye con una advertencia que usa la sal como ejemplo. Si la sal se vuelve insípida, es decir si deja de ser lo que es, entonces no tiene valor alguno. Se arroja afuera. Así es quien dice ser discípulo pero su actuación no verifica el cambio de prioridades en su vida. Ha perdido su sabor. Por lo tanto es echado del Reino.

F. El discipulado: lo perdido encontrado (15.1-32)

El capítulo 15 gira alrededor del gozo al encontrar lo perdido. Jesús está acompañado por los marginados de su sociedad (los recaudadores de impuestos y los pecadores) y hasta se sienta a la mesa con ellos. Quienes se imaginan ser los justos ante Dios murmuran y critican las acciones de Jesús. Los jefes del judaísmo han rechazado a Jesús (14.1-24), pero los que no se identifican con ellos se acercan a Jesús para aprender de él. La murmuración demanda respuesta de Jesús, y en las tres parábolas que siguen Jesús enseña que reencontrar lo perdido suscita una verdadera alegría. Tres ideas sobresalen en estas tres parábolas: (1) algo se ha perdido, (2) alguien emprende una búsqueda intensa y (3) el encontrar lo perdido resulta en gozo para todos.

1. Parábola de la oveja perdida (15.1-7)

Al interrogar directamente a los que murmuran: «Si uno de ustedes. . .», Jesús sugiere lo que todos harían en el caso de una oveja perdida, pero pocos hacen cuando de religión se trata. Describe el Maestro una escena común en la antigüedad. Cierto pastor tiene cien ovejas y al contarlas encuentra que falta una. Dejando las noventa y nueve en mano de otro, el pastor sale en busca de su oveja. Buscará hasta encontrarla o hasta estar seguro de su destrucción. Cuando la encuentra, el hombre se regocija y la carga en sus hombros. Al llegar a su casa, invita a sus vecinos a regocijarse con él.

En su aplicación de la parábola, Jesús enfatiza el gozo en el cielo cuando un pecador se arrepiente. El gozo causado por el acto de reencontrar a la oveja descarriada es mejor que el gozo causado por las noventa y nueve que no necesitaban arrepentimiento.

2. Parábola de la moneda perdida (15.8-10)

La segunda parábola es parecida a la primera, excepto que ahora es una mujer quien busca. El cuadro presenta una búsqueda decidida y ansiosa (enciende una lámpara, barre la casa y busca con empeño), sin dejar de emplear cualquier oportunidad o método que prometa resultado positivo. Ella buscará hasta encontrar. Hallando por fin la moneda, invita a sus amigas y vecinas a celebrar con ella, pues ha encontrado lo perdido.

3. Parábola del hijo perdido (15.11-32)

Esta triada de parábolas concluye con la más conocida de todas las parábolas de Jesús, que es una joya literaria. Tres caracteres principales actúan en turno, y cada uno contribuye algo a la enseñanza acerca de encontrar lo perdido. Un hombre tenía dos hijos y, ¡qué diferentes son el uno del otro! Esto nos recuerda a otros hermanos en la Biblia: Abel y Caín, Jacob y Esaú, María y Marta. Esta recolección de hermanos bíblicos notifica al lector que no debe detener la lectura en el versículo 24, sino debe seguir hasta el 32. Por tanto, la parábola nos presenta la celebración al encontrar lo perdido la reacción del padre al ver el regreso del hijo menor, el tema ya aludido en las dos parábolas anteriores. Pero añade un personaje quien rehúsa regocijarse al saber que lo perdido se ha encontrado (el hijo mayor y por implicación los mencionados antes, en 15.1-2). La parábola se llama comúnmente «del hijo pródigo», pero es en realidad una parábola que describe dos reacciones diferentes ante el regreso del pródigo, ante la recuperación de lo que se había perdido.

La circunstancia de la distribución de los bienes de un padre entre sus hijos es la ocasión de la parábola. El menor de los dos habla con su padre, pidiéndole su porción de la herencia ahora. «Dame la parte» es una frase común en la antigüedad para referirse a la herencia que le corresponde a alguien. El joven pide sus «bienes» (*ousia*) y el padre reparte entre ellos su vida (*bios*). *Ousia* designa la existencia, la sustancia, los bienes que alguna persona posee, y en este caso parece resumir la vida misma del padre.

La petición de la herencia *ahora* suena irrespetuosa e indecente, pero en realidad este hijo no sobrepasa sus derechos como heredero, sino que sencillamente los reclama. El reclamo mismo indica poca estima hacia el padre. La parábola indicará que a este hijo le faltó sabiduría, pero no lo juzga por su petición. El hijo menor quiere disfrutar de la vida ahora, no quiere esperar. Sin objetar, el padre reparte su vida entre los dos, y el menor recibe la tercera parte de los bienes del padre (Dt 21.17).

En pocos días el descenso moral del hijo menor comienza a efectuarse. En posesión de su herencia, podía quedarse en el hogar de su padre (como el mayor) y así disfrutar de sus bienes con moderación. El mayor se queda bajo la autoridad del padre, aunque como veremos más adelante no se siente libre para disfrutar de los bienes a su disposición. El menor decide «juntar» todos sus bienes, es decir toma sus posesiones y las convierte en efectivo. Será mucho más fácil viajar con una bolsa de dinero que partir y dejar su propiedad atrás. Quiere tener el uso de sus bienes sin la obligación de proveer para su padre en su vejez. El quinto mandamiento («honra a tu padre y a tu madre») queda olvidado en ese momento. Queriendo alejarse de la influencia de su padre, parte a un lugar lejano, esto es, a tierra de gentiles. Allí lo desperdicia todo viviendo perdidamente. Literalmente, el vocablo *asotos* («perdidamente»), significa «sin salvación», «sin esperanza de salvación», e indica que el menor vivió sin restricciones morales. Alejado de la influencia paterna, el muchacho se entrega totalmente a una manera de vivir contraria a todo lo que su padre le enseñó. Por lo tanto sus acciones debían de ofender y herir profundamente al padre. Con el tiempo queda en bancarrota. Su situación empeora cuando viene un hambre en la tierra.

Ahora se encuentra sin dinero, sin oportunidad de empleo lucrativo que le ofrezca la oportunidad de recuperar lo malgastado y, a su parecer, sin el apoyo de su familia. Alejado de su hogar tanto física como moralmente, piensa que no puede contar con la ayuda de su padre.

En medio de la hambruna el muchacho actúa responsablemente buscando forma de mantenerse y se acerca a un ciudadano del lugar donde se encuentra y quien es propietario de una piara de cerdos. El ciudadano lo emplea en el cuido de los cerdos. Los cerdos eran animales inmundos para los judíos piadosos. Con todo y eso, su desagradable empleo no le provee lo suficiente, pues considera saciarse de las algarrobas que les sirve a los cerdos. Ha bajado al nivel de la piara de cerdos que cuida.

«Volviendo en sí» es vocabulario filosófico y religioso de la época del Nuevo Testamento. Se refiere a una etapa decisiva en el progreso religioso o filosófico. Equivale a la idea moderna del momento crítico, momento de crisis personal en el que el individuo reflexiona en su condición y la razón de la misma, y decide tomar pasos para cambiar el curso de su vida. El momento de crisis se representa en el soliloquio que sigue. Lamenta su suerte en comparación de los jornaleros (no con su hermano) en la casa de su padre. No obstante su carácter y nivel social de asalariados, día a día estos tienen más que suficiente para satisfacer su hambre. Su reflexión revela el cuidado que su padre tiene para todos los que se encuentran bajo su techo, aun quienes no tienen derecho alguno a la herencia.

Decide ir de inmediato a la casa de su padre y confesar su error. Su intención de vivir a solas y sin las normas establecidas por su padre ha sido un gran fracaso, pues ha resultado en una manera de vivir deshumanizante. Poniéndose en pie, para actuar con más ligereza y efectividad, ensaya su confesión: «Padre, he pecado contra el cielo y contra ti». Sin precisar cómo ha pecado, declara que ha violado el orden establecido por Dios y ha herido a su padre. Habiéndose apartado de su padre al recoger su herencia, no piensa que será restituido como hijo. Su única esperanza es que el padre lo reciba como jornalero. De esto sí está seguro: su padre no lo dejará morir de hambre. Por lo menos le ofrecerá la oportunidad de tener empleo y pan para comer. En otras palabras, reconoce que el padre es amoroso y compasivo con todos, así que espera el buen trato que su padre le da a un jornalero necesitado.

El hijo sale rumbo a su casa para cumplir con su decisión, sin tener la menor idea de cómo se le recibirá. La escena que sigue refleja el tema de «buscar lo perdido» que notamos en 15.1-10. Cuando el joven va de camino, el padre lo ve desde lejos, tiene compasión y le acepta abiertamente. Violando todo protocolo cultural, el padre toma la iniciativa, corre hacia su hijo, se echa sobre su cuello lleno de emoción y le besa. Esta acción claramente declara que el hijo es aceptado antes de pronunciar palabra alguna de arrepentimiento. El hijo menor al fin expresa palabras de arrepentimiento, casi exactamente como el monólogo en tierra lejana. La única diferencia es que no menciona su petición de ser considerado como uno de los jornaleros que frecuentan la propiedad. Seguramente la inesperada, amorosa y compasiva recepción del padre hacen innecesaria la sugerencia que el padre trate a su hijo como un empleado, ya que la actitud del padre indica todo lo contrario.

Apenas sale la confesión de labios del hijo menor cuando el padre ordena a sus siervos que reemplacen sus harapos con el mejor vestido, que pongan calzado a sus pies, y que le pongan un anillo. El hijo llega a la casa harapiento, inseguro de cómo será recibido, y encuentra que su padre lo acepta incondicionalmente y lo hace de nuevo parte de la familia. Además, el padre ordena una celebración que es más digna de quien regresa victorioso que de uno que vuelve arrepentido. El ternero engordado se reservaba para ocasiones muy especiales, tales como fiestas religiosas (por ejemplo, el Día de Expiación). Mas siendo la ocasión tan festiva, merece lo mejor en celebración. Es tiempo de celebrar, de regocijarse y de comer. El padre explica por qué se debe celebrar. El hijo que acaba de regresar estaba prácticamente muerto para su familia, mas ahora ha vuelto a vivir; estaba perdido, y ha sido encontrado. Sus palabras son como eco de las palabras del pastor que encuentra la oveja perdida y de la mujer que encuentra la moneda perdida. Reencontrar lo perdido es ocasión de gran celebración.

La tercera escena de la parábola presenta la reacción del hijo mayor, quien no está al tanto del retorno de su hermano, pues ha estado atareado en los negocios de su padre. El mayor se representa como un hijo responsable quien se ha dedicado tanto a sus deberes que no ha notado el regreso del menor. Acercándose a la casa oye la música y la celebración en pie, pero no tiene la menor idea de su causa. Cansado de su labor se acerca a la casa y llama a uno de los criados. Aquí notamos una serie de contrastes que forman la enseñanza principal de la parábola. Estos contrastes serán primeramente entre los dos hijos, pero también entre el hijo mayor y su padre. Después de vivir perdidamente el hijo menor aún se atreve a acercarse al padre y pronunciar su arrepentimiento. El mayor no se atreve a hacer esto pues llama a uno de los siervos para que le explique lo que está pasando. Aparentemente el hijo mayor no tiene una cálida relación con su padre. Además la necesidad de llamar a un siervo sirve para señalar que el padre buscaba a su hijo perdido, mientras que no ha estado en la ventana esperando al que vive en su casa. El padre se da cuenta del hijo menor cuando este está aún a la distancia, pero no se da cuenta que su hijo mayor está a la puerta. Este último contraste es típico de la teología lucana: los sanos no necesitan médico; los enfermos, sí (5.30-32).

El siervo explica la razón: «tu hermano ha venido y tu padre ha matado el becerro engordado porque lo ha recibido sano y salvo». Esta explicación enfatiza la relación del mayor con los otros dos personajes en la historia, su hermano y su padre. Se espera que al enterarse de la razón para la celebración el mayor celebrará con ellos. La reacción del mayor nos recuerda la actitud de los fariseos y los escribas (15.2), quienes severamente critican a Jesús por la compañía que prefiere: publicanos y pecadores. Entonces el mayor rehúsa entrar en su casa. Nuevamente el contraste es revelador. El menor, arrepentido, regresa de una tierra lejana a su casa después de haber dado la espalda a su familia, y ruega ser readmitido. El mayor jamás ha abandonando a su familia, mas ahora decide que no quiere estar en compañía de su hermano.

El padre por fin nota la ausencia de su hijo mayor y sale a buscarle, rogándole que entre a la casa. El hijo explica su decisión. Fielmente ha servido y obedecido a su padre, pero nunca ha recibido ni un cabrito para hacer fiesta con sus amigos. Resentido por la recepción de su hermano, añade «pero cuando vino *este hijo tuyo,* que ha consumido tus bienes con rameras, mataste para él el becerro engordado». Su enojo no le permite reconocer que el recién llegado es su propio hermano. El padre explica que el mayor siempre ha estado cerca y que, en cuanto a un cabrito, todo le pertenece a él (al mayor). Así que cualquier día podía tomar uno para hacer fiesta. Al expresar su queja, el mayor enfatiza que *nunca* ha recibido un cabrito. La respuesta del padre enfatiza que el mayor *siempre* ha estado en la casa. El mayor se refiere al otro como «este hijo tuyo», mas el padre le recuerda que es «tu hermano». El padre concluye su plegaria expresando que «era necesario» (plan divino) celebrar el retorno del hijo menor, pues estaba muerto y ha vuelto a la vida; estaba perdido, pero ha sido hallado. Encontrar lo perdido es razón para gozarse en gran manera. Los publicanos y los pecadores, como el hijo menor, abiertamente han desafiado la voluntad de Dios y han abusado de los privilegios de ser parte de la familia de Dios. Pero ahora han regresado a casa y por tanto es tiempo de celebrar y no de murmurar. La parábola concluye con una notable inversión de papeles. El previamente perdido hijo menor se encuentra sano y salvo dentro de la casa. El previamente sano hijo mayor ahora se encuentra en las afueras, rehusando la compañía de su hermano y la de su padre.

G. El discipulado y las riquezas (16.1-31)

El discípulo y el uso de las posesiones (las riquezas) es el tema que une los diversos pasajes del capítulo 16. Comienza el capítulo con la parábola del mayordomo infiel y el uso de las riquezas injustas como provisión para el futuro (1-13). La avaricia de los fariseos sirve como advertencia para los discípulos (14-18). La parábola del rico y Lázaro cierra el capítulo (19-31).

1. Parábola del mayordomo injusto (16.1-13)

La parábola del mayordomo injusto es una de las parábolas de Jesús más difíciles de interpretar. El famoso intérprete alemán Rudolf Bultmann pensaba que era imposible recuperar su significado original. Tres factores contribuyen para crear esta dificultad. Primero, es difícil determinar con certeza dónde concluye la parábola y dónde comienza la interpretación del narrador. El consenso de los estudiosos de la parábola es que concluye en el versículo 8 y que los versículos 9-13 son interpretativos, sean de Jesús mismo o de Lucas. Segundo, no está claro quién es el «señor» del versículo 8. ¿Es el señor de la parábola o es esta una referencia al Señor Jesús? A primera vista es razonable ver aquí una referencia al señor de la parábola. Pero, ¿por qué alaba el amo a su mayordomo que ha actuado injustamente? Esta pregunta nos dirige al tercer factor interpretativo: ¿exactamente por qué elogia el amo a su mayordomo?

Las parábolas del capítulo 15 responden a la murmuración de los fariseos y los escribas. Aquí nuevamente los fariseos son el tema de Lucas; pero ahora es su avaricia la que ofrece la ocasión para tratar sobre ellos (v. 14). Los discípulos han de evitar la avaricia de los fariseos. La parábola concierne a un hombre rico y su mayordomo. El mayordomo era el encargado de la administración de la propiedad (fincas, negocios, etc.) de otro, y era responsable por todas las transacciones de negocios. En este oficio tenía la responsabilidad mantener documentos detallando cada transacción.

El mayordomo es acusado de derrochar los bienes de su amo. El vocablo tiene el sentido de dispersar los recursos disponibles, esto es, de malgastar. No está claro si la base de la acusación es incompetencia o falta de honradez de parte del mayordomo. El amo acepta la validez de la acusación y despide al mayordomo. Su última función como mayordomo será rendir cuenta de su mayordomía hasta el presente. A juzgar por su reacción, el mayordomo no espera ser exonerado de los cargos que han llegado a los oídos de su amo.

En un soliloquio el mayordomo presenta su dilema. Sabe bien que ha perdido su mayordomía, y sus opciones no son muy atrayentes. Su primera opción es cavar, pero hacer trabajo físico de no mucha estima. Acostumbrado a la vida de mayordomo, la idea de regresar al trabajo físico le induce a considerar otra alternativa, mendigar. Pero esto sería vergonzoso para uno de su nivel socioeconómico. Decide entonces que tiene que encontrar alguna manera de sobrevivir sin abandonar su estilo de vida. Traza un plan para ganarse el favor de otros para que cuando sea despedido estos lo reciban en sus casas, es decir, le empleen.

El plan del mayordomo es simplemente reducir las cuentas de algunos de los endeudados a su señor. Los llama uno por uno y les pregunta la cantidad de su deuda. La pregunta no es para estar al día de la cuenta, sino para que ellos estén conscientes de su deuda y de la generosidad del mayordomo hacia ellos. El primero recibe un descuento del 50 por ciento y el segundo del 20.

Lo que está haciendo el mayordomo al reducir estas deudas no queda completamente claro. Se puede entender de tres maneras. Primero, en su función como mayordomo todavía tiene la autoridad para renegociar las cuentas de su amo y ahora usa esa autoridad para corregir prácticas ilegales o injustas de parte del amo. Esta opción pinta al amo como el culpable de los arreglos financieros que ahora el mayordomo en su benevolencia rectifica. El resultante elogio del patrón (v. 8) es una admisión de la astucia del mayordomo, como si dijera: «has sido derrochador hasta el fin y te has ganado el favor de estos negociantes». La segunda explicación sugiere que al reducir la cuenta el mayordomo está eliminando la usura impuesta y que ahora los nuevos arreglos están de acuerdo a la ley Mosaica (Lv 25.35-37; Dt 15.7-8; 23.19-20). Esta opción pinta al patrón como justo, ya que elimina la cuenta de sus deudores y al mismo tiempo quienes se benefician de los nuevos términos de comercio están agradecidos con el mayordomo y en deuda con él. La tercera posibilidad para entender la acción del mayordomo sugiere que al reducir la cuenta, el mayordomo está eliminando su propia comisión; es decir la porción de la transacción comercial que debía ser su ganancia o salario. Está dispuesto a perder una porción en el presente para recibir ganancias a la larga.

Para sorpresa de la audiencia, que esperaría condenación o aun castigo para el mayordomo, la parábola concluye con el patrón elogiando al mayordomo injusto porque actuó sagazmente. Para entender bien este versículo, el lector tiene que diferenciar los puntos de vista de los caracteres en la parábola y del narrador de la misma. El patrón en la parábola alaba al mayordomo por su acto sagaz, pues ha tomado pasos para asegurarse de que otras personas estén agradecidas y en deuda con él. El narrador de la historia por su parte es quien clasifica al mayordomo como injusto.

La segunda parte del versículo 8 contiene la aplicación de la parábola por Jesús mismo. En la historia un personaje injusto (uno de «los hijos de este mundo») toma pasos de acuerdo a su naturaleza y conocimiento («son en su generación») para asegurarse un mejor futuro. La lección para el discípulo es que si los de este mundo toman medidas para asegurarse un futuro mejor, ¿no deberían los hijos de la luz hacer todo lo posible para asegurarse de obtener el futuro prometido?

Una de las fuerzas y tentaciones que más fuertemente luchan contra el discípulo es el poder del dinero. Hombres y mujeres se entregan por completo al esfuerzo de obtener riquezas y cuando las adquieren dedican aún más esfuerzos para conservarlas. Para el discípulo cristiano el dinero de este mundo («las riquezas injustas») es un método para servir a otros («ganaos amigos»). Esta generosidad revela el verdadero carácter del discípulo («os reciban en las moradas eternas») y demuestra su fidelidad en lo poco (las riquezas). El versículo 13 pronuncia uno de los dichos de Jesús menos apreciado por sus seguidores a través de los siglos. Sin calificación alguna Jesús declara que ninguna persona puede servir a Dios y a las riquezas. El dicho no es difícil de entender. Sin embargo, hasta el día de hoy los discípulos viven sus días tratando de probar que Jesús se ha equivocado.

2. Respuestas a la burla de los fariseos (16.14-18)

Los Fariseos reaccionan «levantando las narices en desprecio», esto, es se burlan de él. La burla de los fariseos no impide que Jesús continúe su enseñanza sobre el dinero. El discípulo ha de vivir con el conocimiento de que Dios conoce los corazones, es decir, que sabe muy bien las intenciones de toda actividad humana.

3. Parábola de Lázaro y el hombre rico (16.19-31)

El pasaje acerca del rico y Lázaro ofrece un contraste entre uno que depende de la generosidad de otros para sobrevivir y un rico insensible. Es importante tener en mente que la perícopa no trata sobre los ricos en general, sino en concreto sobre los ricos insensibles.

El comienzo es idéntico al de la parábola del mayordomo injusto: «había cierto hombre rico», y por tanto es lógico clasificar el episodio que sigue como una parábola. Sin embargo, en las parábolas los personajes son anónimos y se reconocen por su función, pues representan algún grupo de la sociedad. Si esta perícopa es una parábola, y es mi opinión que sí lo es, será la primera y única parábola de Jesús que identifica a un personaje por nombre. En este caso el uso del nombre es significativo, como explicaremos más adelante. Como la parábola del buen samaritano, esta es lo que los comentaristas llaman una «historia ejemplar». Estudios recientes de las parábolas de Jesús y de otros maestros judíos han concluido que el término «parábola» es general e incluye diferentes tipos de historias ilustrativas. Entre las parábolas de Jesús encontramos proverbios (Lc 4.23, «médico sánate a ti mismo»), metáforas (Mt 5.14 «vosotros sois la luz del mundo»), similitudes (Lc 10.3 «corderos en medio de lobos»), dichos figurativos (Lc 5.36-38 «vino nuevo en odres viejos»), historias parabólicas (Lc 18.1-8 el juez y la viuda), historias ejemplares (Lc 10.29-37 el buen samaritano), y alegorías (Lc 8.4-8 la semilla y los terrenos). La «historia ejemplar» es una subcategoría de las parábolas que describe no un acontecimiento en particular, sino un evento representativo, o sea, presenta comportamientos que han de ser considerados e imitados por el oyente: «ve y haz lo mismo». Normalmente la historia ejemplar contiene detalles instructivos que han de ser emulados, pero en el caso del rico y Lázaro se trata de una conducta que no ha de ser emulada.

Al clasificar el relato como una historia ejemplar desaparece la necesidad de aceptar la segunda parte de la parábola (16.22ss) como una descripción del Hades.

Como en el caso de la parábola de los dos hijos (15.11-32), esta emplea una serie de contrastes para presentar el comportamiento que se debe evitar. Esto se lleva a cabo en la descripción de los personajes de la historia y después en su relación con el patriarca Abraham. El rico se describe en términos de sus riquezas. Su ropa exterior es púrpura, tinte muy costoso obtenido de un caracol marino. Usualmente la púrpura se reservaba para los reyes. Su ropa interior es de lino fino. Además, tiene banquete cada día.

El contraste comienza con la introducción del pobre (*ptochos*). Este es echado a la puerta de la mansión del rico. El verbo en pasivo («es echado») sugiere que su pobreza no se limita a una falta de recursos económicos, sino que incluye algún impedimento físico que le impide proveer para sí mismo. Lázaro no tiene muchas opciones para su sostén, salvo depender de la benevolencia de otros. Por tanto, es echado donde hay personas con los recursos económicos disponibles para poder ayudarle. En contraste con el rico, la ropa de Lázaro no recibe atención alguna, pero se dice que está lleno de llagas. Mientras el rico se viste de púrpura y su ropa interior es de lino fino, el otro «se viste» de llagas. Continuando con el contraste entre los dos personajes, notamos que mientras el rico celebra sus banquetes diariamente, Lázaro está en la puerta con las ansias de comer por lo menos lo que cae de la mesa. Lázaro no desea una inversión de lugares con el rico, solamente desea aquellas cosas que el rico desprecia. Además, los perros lamen las llagas del pobre mientras este yace a la puerta del rico. La parábola ha pintado el cuadro de una persona que debe conmover a cualquier justo a la compasión. Implícitamente estos versículos insinúan que el rico no tiene compasión, ya que Lázaro ansía comer las migajas del banquete. Aparentemente Lázaro no tiene acceso ni a las migajas —tal es la insensibilidad del rico.

Pero hay un elemento en el contraste entre el rico y el pobre que favorece a aquel que está echado a las puertas de la mansión. El pobre es digno de ser conocido por su nombre, Lázaro. La idea se planta en la mente de la audiencia: a pesar de las circunstancias presentes el pobre es favorecido de alguna forma. Al mismo tiempo, el uso del nombre por el rico más adelante en la parábola indica que el rico conocía a Lázaro por su nombre y por lo tanto estaba consciente de su condición física y de su necesidad. El rico no puede alegar que ignoraba la necesidad de Lázaro, pues le conoce por nombre.

Acontece que el rico y Lázaro mueren. La diferencia en la descripción de su muerte es ilustrativa. Primero, al morir Lázaro es llevado por los ángeles al seno de Abraham. El seno de Abraham es para los judíos una metáfora que describe bendiciones celestiales y es representativa de la recepción de los fieles en los cielos (4 Mac 13.17). Lázaro pasa de ser un pobre echado a la puerta de otro e ignorado, a estar en compañía del patriarca Abraham. Segundo, el rico muere y es sepultado. No recibe el servicio de ángeles y se encuentra lejos de Abraham. Puede ver al patriarca, pero Abraham no puede venir al socorro del ahora atormentado rico.

El rico se encuentra en el lugar de los muertos, el Hades. (En la teología neotestamentaria el Hades es el lugar de todos los muertos [Hch 2.27-31], aunque según las tradiciones judías existen departamentos diferentes para los justos y los injustos. Gehena es el lugar asignado para el juicio final de los injustos). El rico percibe que las circunstancias ahora son a la inversa. Lázaro se encuentra con Abraham, aparentemente celebrando el banquete celestial, mientras el rico es atormentado afuera. La frase «vio de lejos a Abraham y a Lázaro» no se debe interpretar literalmente. Al hacerlo nos perdemos en los detalles de la parábola y no alcanzamos entenderla. La frase es representativa de que el rico está consciente de su condición con respecto a Lázaro. De acuerdo a la escatología judía, en el lugar de los muertos, los justos y los injustos están conscientes el uno del otro (4 Mac 7.85; 93.2). Pero esto no requiere que aceptemos literalmente que el rico y Abraham se ven y hasta pueden conversar. Estos detalles son convenciones literarias que se emplean para dar sentido a la historia ejemplar que se narra. La calidad de vida después de la muerte es en gran manera diferente para los dos personajes. Lázaro se goza en la presencia de Abraham, mientras que el rico sufre tormentos.

Atormentado, el rico trata de usar su relación con Abraham para cambiar las circunstancias. Ya en Lucas 3.8 Juan el Bautista le ha advertido al pueblo que no puede depender meramente en sus vínculos familiares con Abraham, pues hasta de las piedras Dios puede hacer hijos e hijas. Mientras estaba en la tierra de los vivos el rico no se ocupó del pobre echado a sus puertas, pero ahora se da cuenta del lugar privilegiado que Lázaro tiene. Pero aun así, su opinión de Lázaro no ha cambiado mucho. Ve a Lázaro como quien existe para responder a las necesidades y deseos del rico: «envía a Lázaro para que moje la punta de su dedo en agua y refresque mi lengua». Para el rico el estatus social de Lázaro no ha cambiado, sino que sigue siendo otro individuo insignificante que existe para servirle a él.

Saciar una sed intensa es una imagen bíblica para expresar un profundo deseo por la presencia de Dios. La metáfora de la «llama» sirve para intensificar la sequedad del rico. Sufre atormentado, pues puede «ver» el gozo de los justos y él no puede compartirlo con ellos.

El versículo 25 presenta el gran contraste escatológico. Abraham acepta su función de antepasado de los hijos del pacto, pero declara que no todos los hijos de Abraham heredarán las moradas eternas. En su conversación con el rico, Abraham le indica que debió haber estado consciente de las circunstancias en que él y otros vivían: para ti (el rico) los bienes de la vida, semejantemente para Lázaro los males. Ahora la situación se ha invertido. Lázaro recibe consolación mientras el rico es atormentado. El consuelo que Lázaro recibe es el restablecimiento de la equidad que crea un sentimiento de bienestar y de justicia y nos recuerda las bienaventuranzas y los ayes de 6.24ss.

La distancia entre Lázaro y Abraham por una parte y el rico por otra no se puede superar. Hay una «fosa» fija que hace imposible que se pase de un lado al otro. Lo fijo de la fosa da a entender que aun la subjetividad de Abraham («hijo mío») no puede alterar las circunstancias presentes. En su papel de antepasado Abraham es el padre del rico y, aunque quisiera librarlo de su tormento, no le es posible. La escena pinta un cuadro de inutilidad donde el rico contaba con su privilegiado estatus social (hijo de Abraham y bendecido con riquezas), pero su falta de compasión por el pobre echado a sus puertas resultó en una separación que ya no se puede alterar.

Aceptando que su condición no tiene esperanza alguna, el rico cambia su estrategia. Le ruega a Abraham por sus cinco hermanos (igualmente hijos de Abraham). Al verse en este lugar de tormento, no quiere que sus hermanos sufran como él. Notamos ahora que el hombre no carece totalmente de compasión, aunque esa compasión se limita a su familia. Todavía piensa que Lázaro existe para servirle: «te ruego que le envíes a la casa de mi padre». Si Lázaro visita la familia, piensa el rico, ellos evitarán el destino de su hermano mayor. Se preocupa ahora por sus cinco hermanos, quienes aparentemente siguen el mal ejemplo de su difunto hermano. El hombre presupone que si ellos no cambian su manera de vivir, llegarán al mismo lugar que él. Parece que la insensibilidad es un rasgo familiar. La respuesta de Abraham le recuerda que ya tienen testimonio de lo que necesitan hacer: obedecer a Moisés y a los profetas, esto es, las escrituras hebreas. Parece que el hombre no solamente ignoró la compasión como característica valerosa, sino tampoco tomó en serio su obligación de enseñarles a sus hermanos la Ley y los Profetas.

El rico piensa que quizá Abraham no comprende bien su petición. Lo que él desea es que Lázaro resucite de los muertos y vaya con sus hermanos. Tal visita, piensa el rico, resultará en el arrepentimiento de ellos. En las últimas palabras de Abraham resuena uno de los grades temas de Lucas-Hechos. Si no oyen a Moisés y a los Profetas, tampoco creerán aunque alguien resucite de los muertos. Tal es la incredulidad de ellos.

H. Enseñanzas falsas: el perdón y el servicio (17.1-10)

1. Ocasiones de caer: el pecado y el perdón (17.1-4)

Lucas 17.1-10 presupone un marco comunitario y para la obediencia de los discípulos. A causa de la presencia del mal en el mundo es imposible evitar los escándalos. Con todo, el discípulo fiel no puede causar la caída de otros discípulos. El vocablo «escándalo» describe una trampa y se usa metafóricamente en las Escrituras para referirse a un acto que provoca la caída de otro, es un pecado que incita a pecar. En la comunidad de fe existe la posibilidad de que algunos discípulos escandalicen a otros por su conducta (el abuso del poder, la malversación de fondos, la traición a la fidelidad conyugal, etc.). Al ver estos escándalos los pequeños (nuevos creyentes) caen, pues dudan del poder del evangelio y permanecen en la incredulidad. El discípulo que incita a otro a la incredulidad es merecedor del más terrible castigo: morir ahogado. ¿Por qué? Porque diariamente los discípulos confrontan las tentaciones de la vida y el discípulo ha de invitar a los recién arrepentidos a la perseverancia en la fe. Por tanto el discípulo que incita a otro a pecar está obrando en contra de la voluntad de Dios. La imagen de la piedra de molino atada en el cuello enfatiza la certeza del castigo: tal persona se ahogará sin escape alguno. Sigue la enseñanza comunitaria, esta vez en forma de una exhortación a perdonar al hermano que peca contra el discípulo. En toda interacción humana existe la posibilidad, muy real en cada caso, de ser ofendido por otro. Esta triste realidad da a luz la necesidad de ejercitar el perdón generoso. Aun la comunidad de fe experimentará esta necesidad. Pero, ¿cuántas veces ha de perdonarse al hermano que continuamente peca contra sus condiscípulos? Jesús amonesta a sus discípulos a perdonar aunque alguien peque contra ellos siete veces al día. En otras palabras, no hay límite en cuántas veces debe otorgarse el perdón, siempre y cuando el pecador se arrepienta de sus actos. Sin embargo, entre la acción del culpable y el perdón ofrecido hay una etapa decisiva: «repréndele». La represión es el acto de confrontar amorosamente al ofensor con la intención de ayudarle a reconocer su falta y con el objetivo de llevarlo al arrepentimiento y así continuar con la armonía en la comunidad. El cuidado pastoral incluye esta labor repleta de un profundo amor por el otro e impregnada de un espíritu pacífico.

2. La fe (17.5-6)

La magnitud del cuidado pastoral conduce a una petición de los apóstoles: «auméntanos la fe». En el griego el vocablo «fe» no tiene artículo definido, sugiriendo que lo que se pide no es la fe salvífica sino la confianza necesaria para realizar grandes obras, como el perdonar al ofensor sin límite alguno. Los discípulos piden una dosis renovada de confianza en Dios, quien continuará su obra de santificación en el ofensor.

Jesús responde que no se necesita demasiada fe para hacer maravillas. El grano de mostaza es pequeñísimo, pero produce una planta que puede crecer hasta unos tres metros de altura. Con fe mínima, dice Jesús, «podríais decir a este sicómoro «desarráigate y plántate en el mar, y os obedecería». El vocablo griego que aquí se usa puede referirse a dos tipos de árboles, la morera y el sicómoro, ambos considerados casi inarrancables. Hablando hiperbólicamente, Jesús dice que los discípulos no necesitan un aumento de fe; lo que necesitan es una fe viva. Una fe mínima puede decirle al inarrancable sicómoro: «Desarráigate y plántate en el mar, y os obedecería». La fe hace entrar al discípulo en los dominios de Dios y con toda dependencia y confianza en el poder de Dios hará lo imposible.

3. Parábola del deber del siervo (7.7-10)

Sigue entonces un dicho que aparece solo en Lucas sobre el servicio en la comunidad de fe. La jornada de trabajo del siervo no termina en el campo, sino en la casa cuando prepara y sirve la cena para el amo. Solamente cuando el patrón esté satisfecho en todas sus necesidades declarará cumplidas las obligaciones del siervo. Toda esta tarea todo el día en el campo, y el atardecer en la cocina es el deber del siervo, y por lo tanto no debe esperar expresiones de gratitud de parte del amo. El discípulo tiene que evitar la propensión a pensar que ha hecho grandes cosas para el Señor.

I. La consumación del Reino (17.11-18.8)

1. Curación de los diez leprosos (17.11-19)

El versículo 11 cumple la doble función de resumir el tema de la jornada a Jerusalén y al mismo tiempo situar a Jesús en las regiones cerca de Samaria. La importancia de esta ubicación será aclarada cuando se presente el punto esencial del pasaje: la fe de uno que se beneficia del poder curativo de Jesús.

Al entrar en una aldea Jesús se encuentra con un grupo de leprosos. Aunque están marginados por su enfermedad, los leprosos saben que Jesús tiene autoridad para sanarles. Salen para encontrarse con Jesús antes de que entre en la aldea; pero, conscientes del protocolo que regula la interacción de los leprosos con el resto de la sociedad, mantienen su distancia y alzando sus voces hacen su plegaria: «¡Jesús, Maestro, ten misericordia de nosotros!».

La mirada de Jesús denota su compasión, pero Jesús no efectúa un acto de curación inmediatamente. En Lucas 5.12 Jesús se encontró con un leproso quien, como estos, confía en el poder que Jesús posee para sanarle.

En 5.12ss Jesús toca al leproso y este queda sano al instante. Efectuada esta sanación, Jesús le envía a los sacerdotes, quienes verificarán si el hombre está sano o no. En este capítulo Jesús ni toca a los leprosos ni pronuncia explícitamente su intención de sanarles. Pero al decirles «Id, mostraos a los sacerdotes» Jesús implícitamente pronuncia su purificación. Según Levítico 13.49 y 14.2 el leproso se mostraba ante el sacerdote no para ser sanado sino para comprobar que ya era sano. Las palabras de Jesús invitan a los leprosos a aceptar el hecho de su curación antes de tener evidencias de ella. Les invita a ejercitar la medida de fe que poseen. Obedientes a las palabras del maestro los leprosos parten para el templo. En el transcurso de su jornada, son sanados de la lepra.

La segunda parte del pasaje se enfoca en el encuentro de uno de los diez con Jesús. En el Evangelio de Lucas es común glorificar a Dios por los actos milagrosos de Jesús. Este hombre no es una excepción. Interrumpe su jornada a Jerusalén, donde conforme a la Ley recibiría confirmación de su limpieza y podría entonces ser recibido una vez más en la sociedad como ser humano, y regresa para encontrarse con Jesús. Se acerca a Jesús glorificando a Dios, pues «había sido sanado». La voz pasiva declara que la sanidad fue obra de Dios, y este hombre sabe quién fue quien le curó. El gozo del hombre va más allá de lo que podemos imaginarnos, pues sabe que no solamente ha sido sanado de la lepra, sino que ha sido restaurado a la comunidad de fe. Se acerca con el corazón agradecido y con los labios llenos de alabanzas y se postra a los pies de Jesús. El uso del espacio en este pasaje se añade a su efectividad didáctica. Al principio este hombre, acompañado de los otros nueve, se mantiene distante de Jesús y alza la voz para ser oído. Ahora se acerca tanto que se postra a sus pies ahora puede tocarle. Pero no es simplemente la distancia física la que ha desaparecido; la separación cultural y religiosa también ha sido vencida. Hasta este punto en el relato el lector presupone que los diez leprosos son judíos (Jesús los envía al templo, donde no se permiten samaritanos). Lucas añade que el único que regresó fue un samaritano. La reacción de Jesús dirige la atención de la audiencia a lo que ha ocurrido. Primero Jesús señala que eran diez los que fueron curados. ¿Dónde están los otros nueve? Aparentemente estos son judíos y siguen en busca del sacerdote, sin pensar en regresar y dar gracias a quien los sanó. Solamente el extranjero ha regresado para glorificar a Dios. ¡Y lo ha hecho dejando a un lado el mandamiento de presentarse al sacerdote! Dos temas importantísimos para Lucas aparecen en este pasaje, además de la fe. Primero, el interés en los despreciados y marginados de la sociedad. El samaritano es una de las personas más perjudicadas por ese desprecio. Segundo, el tema de la receptividad de los extranjeros al mensaje de Jesús. Es el extranjero quien discierne que fue Jesús quien lo sanó.

Las preguntas retóricas dirigen a la audiencia a reconsiderar sus propios prejuicios. Diez leprosos han recibido curación de parte de Dios. Nueve no regresan para glorificar a Dios. Aparentemente siguen con su intención de obedecer los preceptos de la Ley. El samaritano regresa glorificando a Dios y Jesús alaba su fe ante los oyentes.

2. La venida del Reino (17.20-37)

Este es el primero de dos discursos apocalípticos en nuestro evangelio. Confronta el problema del presente humano y el futuro divino, del espacio creado y el espacio esperado. Limitados por el tiempo y el espacio los seres humanos permanecen inseguros del futuro, aun cuando la perspectiva teológica inspira confianza en la interrupción de lo divino en el presente. Los Salmos reales afirman la manifestación del poder de Dios a favor de su pueblo, pero la realidad presente crea tensión para la comunidad de fe debido a que las circunstancias dan a entender que el poder de Dios no se ha manifestado por completo. Esta tensión resulta en una perspectiva apocalíptica que por un lado reconoce la existencia de fuerzas malignas en el presente, pero por el otro espera ansiosamente una interrupción del poder de Dios para deshacer el poder maligno y establecer de una vez y para siempre el Reino de Dios.

Jesús es cuestionado por los fariseos acerca de la venida del Reino. Normalmente en los evangelios la interrogación fariseica tiene intenciones malignas (espiar o tenderle una trampa). Aquí no hay evaluación alguna del motivo de los fariseos. Parece que su interés es, más que otra cosa, la curiosidad escatológica.

La respuesta de Jesús ha resultado en varias interpretaciones, según el significado que se le ha dado a la frase *meta paratereseos* («con advertencia»). Para algunos exegetas la frase tiene el sentido de «observancia externa de los requisitos de la Ley». Estos intérpretes entienden que esta idea sigue presentándose en la comunidad cristiana en las siguientes décadas y se refleja en Romanos 14.17 y Gálatas 4.10. En tal caso el sentido sería que los fariseos esperan cierta observancia de la Ley, mientras Jesús dice que no hay tal requisito para inaugurar el Reino de Dios. Pero es difícil discernir un debate rabínico sobre la observancia de la Ley en cualquiera de estos versículos. No cabe duda de que en cuanto a la observancia de la Ley Jesús muchas veces confrontó a los líderes religiosos de su día, pero no encontramos evidencia de tal debate en estos versículos.

Otros intérpretes tratan de reconstruir el arameo original y dicen que la frase tiene el sentido de «secretamente», esto es, de un modo en que no puede verse. Para estos exegetas el sentido de la frase sería «el Reino de Dios viene y las observacias de su venida son secretas, así que no vale la pena para ustedes conocer las señales. Solamente los participantes podrán interpretar las señales cuando estas vengan». Pero tal opción es más especulación que obra exegética, ya que no es factible reconstruir el arameo pronunciado por Jesús.

Más acertada es la sugerencia de que *parateresis* es una referencia general a signos apocalípticos prevalecientes en aquellos tiempos. Se refiere en particular la tendencia a determinar el futuro basándose en lo que se puede observar. Esta opción tiene el apoyo del uso de la palabra *paratereos* en la diagnosis y prognosis médicas. El significado sería entonces el proceso de determinar lo que va a ocurrir basándose en la observación de los acontecimientos presentes. Los fariseos están interesados en eventos que puedan anunciar la venida del Reino. Su interés es en particularidades que se puedan observar por todos. Jesús advierte que no hay observaciones definitivas, así que hay que evitar los pronósticos de «helo aquí, helo allá».

La interpretación del pasaje gira en torno a la frase «está entre vosotros». Esto ha resultado en varias interpretaciones. La interpretación más popular sugiere que la frase tiene el sentido «dentro de vosotros», o sea, «en el interior de vosotros». Según esta interpretación la frase «el Reino de Dios está entre vosotros» apoya el concepto del Reino como interioridad: el Reino está en el interior de la persona. Hay dos dificultades con esta interpretación. Primero, aquí Jesús se dirige a los fariseos, y la idea de que Jesús o Lucas enseñasen que el Reino de Dios está dentro de los fariseos es inconcebible. Segundo, en ningún otro lugar en el Nuevo Testamento se menciona este supuesto carácter interno del Reino de Dios. Lo más común en el Nuevo Testamento es ver a las personas entrar en el Reino; nunca se dice que el Reino entre en alguien.

Otros interpretan la frase en el sentido de «a vuestra disposición», «en vuestras manos», «a vuestro alcance». El sentido del pasaje sería entonces que el Reino viene según la disposición de la persona a recibirlo a través del arrepentimiento. Tal sentido es posible, pero en realidad no responde a la interrogante de los fariseos.

En mi opinión, yendo un poco más allá de la segunda opción, aquí se puede ver una referencia a la presencia del Reino en el sentido de «ante vosotros». En otras palabras, Jesús hace una referencia a su propia presencia ante los fariseos. El hecho de que el Mesías está ante ellos es señal de que el Reino ha sido inaugurado aunque todavía no se ha consumado (Lc 4.18). Los fariseos se confrontan con la realidad del Reino en la persona de Jesús. No hay que buscar ni aquí ni allá, pues Jesús está en su presencia y el Reino con él.

Concluida la respuesta a los fariseos, ahora Lucas presenta la enseñanza de Jesús dada a sus discípulos sobre el mismo tema (la venida del Reino). Esta yuxtaposición es indicativa de la tensión entre el presente del Reino (la respuesta a los fariseos) y la futura consumación del mismo (enseñanza a los discípulos).

En un futuro indeterminado los seguidores de Jesús desearán ver al Hijo del Hombre. El uso de la frase «el Hijo del Hombre» por Jesús mismo conecta la enseñanza que sigue con el Hijo del Hombre apocalíptico que vemos en las profecías de Daniel. En su sentido apocalíptico, la frase enfatiza la autoridad para juzgar que es inherente al Mesías. La frase «vendrán días» es una alusión a numerosas citas bíblicas que aluden al juicio venidero (Is 39.6; Jer 7.32; Am 4.2). Al faltarles de la presencia visible de Jesús y experimentar la oposición de los hijos de este mundo, los discípulos anhelarán tal presencia real de Jesús. En esos días de oposición y ansiosos por ver con sus propios ojos al Hijo del Hombre manifestado en toda su gloria y poder, los discípulos estarán susceptibles a creer reportes de su presencia en lugares cercanos. Jesús establece primeramente que hay que resistir la tentación de correr de lugar en lugar buscándole. El discípulo no ha de ser impaciente y seguir a estos falsos mesías. El día del Hijo del Hombre será un evento universal y será visto por todos. La observación del relámpago provee la ilustración clave. El fulgor del relámpago se nota claramente por todos, y así será su venida. Pero antes de ese gran día, Jesús añade que «es necesario que padezca mucho y sea desechado por esta generación». El Mesías viene para redimir a la humanidad de sus pecados. Esta redención se llevará a cabo en los eventos de la pasión, crucifixión, y resurrección de Jesús. Esta predicción de la crucifixión no solamente advierte a los discípulos acerca de lo que acontecerá cuando lleguen a Jerusalén. También sugiere que los eventos de la venida de Jesús como el Hijo del Hombre (esto es en juicio) no se puede entender aparte de su crucifixión.

El ritmo de la vida («comían, bebían, se casaban y se daban en casamiento») que transcurrió en los días antes de entrar Noé en el arca sirve como modelo para el futuro día del Hijo del Hombre. En los días de Noé, la vida cotidiana siguió su ritmo sin preocuparse por el diluvio que amenazaba. El diluvio los sorprendió y al fin los destruyó. Lo mismo ocurrirá en el día del Señor. Hombres y mujeres conducirán sus vidas sin considerar el día del Hijo del Hombre, y serán sorprendidos.

La segunda ilustración de juicio repentino trae a la mente la historia de Lot y la destrucción de Sodoma. Las multitudes en la ciudad continuaron en su ritmo diario como en el tiempo de Noé, anticipando un futuro sin fin. Pero todo cesó cuando llovió del cielo fuego y azufre. La mujer de Lot es la advertencia por excelencia. Al mirar atrás, pierde la protección prometida. El discípulo que piense que necesita lo que tiene en su casa no es digno del Reino.

La disposición a abandonar las posesiones es solamente lo mínimo que se espera del discípulo. Su devoción ha de ser total y ha de incluir la vida misma. Paradójicamente el discípulo que procure salvar su vida (aquí en la Tierra) la perderá (perderá la vida eterna); mientras que el que la pierde la salvará. Al vivir totalmente para servir a Dios, el discípulo fiel rechaza las comodidades y los bienes de la vida terrenal y en el proceso gana más de lo que pierde. El resultado de todo es que «estarán dos en una cama: el uno será tomado y el otro será dejado. Dos mujeres estarán moliendo juntas: la una será tomada y la otra dejada».

No obstante la metáfora del relámpago, los discípulos preguntan, ¿dónde? La respuesta de Jesús es ambigua y ha resultado en varias interpretaciones. Básicamente esta ilustración es muy semejante a la del relámpago. Cuando vean las águilas (o los buitres) volando en círculos en el cielo (un evento visible a todos) entonces deben saber que el cuerpo está abajo. Quien entiende las señales sabe hacia qué apuntan.

3. Parábola de la viuda y el juez injusto (18.1-8)

El perseverar en la oración es el tema central de 18.1-8. La parábola emplea personajes estereotipados: primero un juez que ni teme a Dios ni respeta a los hombres. Nada se dice de la manera en que estas características se manifiestan en su función judicial. El segundo personaje es una viuda que se presenta al juez repetidamente con la misma petición: «Hazme justicia con mi adversario». Otra vez, nada se dice de los particulares del caso de la viuda. Careciendo de detalles en cuanto a ambos, la audiencia dirige la atención a los prototipos representados por la imprecisa descripción.

El juez es una persona de prestigio y poder en la sociedad. En él reside la autoridad de aplicar la ley, de hacer justicia. Básicamente esa era la más importante y la única función que se esperaba de un juez. Pero este juez no permite que ningún tipo de compasión (no teme a Dios ni a los hombres) interfiera con el ejercicio del poder. Como poderoso, tiene la libertad para hacer lo que desee.

La viuda se encuentra al otro extremo de la escala social: nada de prestigio o de poder, y totalmente dependiente de las misericordias de otro. En contraste con el juez, la viuda es la encarnación de la dependencia y de la fragilidad social. La viuda tiene un adversario que aparentemente ha podido violar o menospreciar sus derechos. La viuda expresa claramente su petición: hazme justicia. Lo que pide es sencillamente que el juez ejerza su función y escuche el caso. Su situación es tal que no tiene esperanza alguna, salvo si el juez decide actuar. Así Lucas presenta una escena de una mujer que necesita la intervención de alguien que no tiene la menor intención de socorrerla.

La falta de justicia se debe a la voluntad del juez que no quiere prestarle atención. El juez se nos da a conocer a través de un monólogo interior. En su soliloquio el juez expresa sus sentimientos. Ha decidido hacerle justicia a la viuda, pero esta decisión nada tiene que ver con un cambio de carácter, o con una nueve postura más sensible, de tal modo que de ahora en adelante va a ser misericordioso. Su decisión se debe a la molestia que ha sufrido por la mujer y a que piensa que esto seguirá hasta que al final se le «agote la paciencia». El verbo que se emplea aquí es interesante. Literalmente puede significar «poner morados los ojos», o «golpear la cara» (machacar). En el sentido figurado, como en este versículo, tiene el significado «dominar a fuerza de golpes» o «maltratar». Irónicamente el juez se imagina que la persistencia de la viuda le va a mortificar tanto que puede ser una afrenta a su honor; y por tanto tiene que hacer algo para impedir que la mujer le siga mortificando. Así termina la parábola.

Jesús les aplica la parábola a sus discípulos. «Oíd» es un llamado a prestar atención, a asimilar. Si un juez injusto al fin le hace justicia a una viuda por su constante molestia, ¿cómo se pueden imaginar los discípulos que Dios no hará justicia a sus escogidos cuando estos claman día y noche? En esta parábola la intervención de Dios a favor de los escogidos se basa en dos factores. Primero, hay una gran diferencia entre la relación del juez injusto y la viuda; y entre Dios y sus escogidos. Segundo, al igual que la viuda, estos últimos clamaron día y noche. Por lo tanto Dios no tardará en responder a la insistente plegaria de los suyos.

J. El discipulado: humildad y entrega total (18.9-30)

1. Parábola del fariseo y el publicano (18.9-14)

La parábola del fariseo y el publicano continúa la enseñanza sobre la oración, esta vez enfatizando la dependencia en las misericordias de Dios en contraste con la confianza en sí mismo. En la audiencia se encuentran algunos que están muy confiados de que son justos y quienes menosprecian a quienes no son como ellos. Su confianza se ha elevado tanto que se acerca a la arrogancia. El menosprecio se manifiesta en su crítica a los demás.

Dos hombres suben al templo para orar. En los atrios del templo, el primero se pone en pie, dándose a sí mismo un papel importante. Este fariseo comienza su oración en voz alta, agradecido porque no es como los otros hombres. Comienza criticando a los demás por sus faltas, y él mismo es la medida para los demás. Su monólogo empieza con generalizaciones, describiendo a la gente de afuera de la comunidad de fieles (ladrones, injustos, adúlteros) y termina describiendo a uno que en ese mismo instante está en el mismo rito religioso que él, el publicano que está en el mismo templo. La confianza del fariseo se basa en las actividades religiosas que practica con regularidad. En particular menciona el ayuno y el diezmo. El ayuno como deber religioso no es muy común en el Antiguo Testamento. En el día de Expiación los judíos practicaban el ayuno. En otras ocasiones las circunstancias de la vida nacional demandaban que se pronunciara un ayuno. El fariseo va más allá de la Ley, pues ayuna dos veces a la semana. Además, diezma de todo lo que posee. Confía en que sus actos religiosos le hacen merecedor del favor divino.

En contraste con el fariseo vemos al publicano. Este se mantiene lejos, a solas, sin hacer comparaciones con otros y sin adularse a sí mismo por su piedad. Reconoce sus faltas y ni siquiera se atreve ha alzar sus ojos al cielo. Simplemente reconoce su necesidad de misericordia golpeándose y clamando «Dios, sé propicio a mí, pecador». El vocablo «propicio» tiene el sentido de «apaciguar, ser favorable». En voz pasiva, como aquí, implica que la actividad es de Dios mismo y no del publicano y su propia piedad. El publicano se presenta ante el Señor reconociendo su condición de pecador, admitiendo que nada puede hacer para merecer el favor divino («sé propicio a mí»). El cuadro nos presenta una persona que depende totalmente de las misericordias de Dios y así revela su relación con el Señor del pacto (Ex 34.6).

Jesús comenta sobre la parábola y así cambia la percepción común acerca de los fariseos y los publicanos. Jesús declara que el publicano regresa a su casa justificado (¡por Dios!), y el fariseo, no. Dios rechaza a quienes se enaltecen, aunque aparenten una vida piadosa. El Señor acepta a quien se acerca a él con corazón contrito y humillado, con las manos vacías, suplicando por las misericordias de Dios (Sal 51).

2. *La fe de los niños (18.15-17)*

El grupo de discípulos continúa atento a la enseñanza del Maestro. Entre ellos hemos encontrado todo tipo de personas: fariseos y publicanos, judíos y samaritanos, hombres y mujeres, justos e injustos, sanos y enfermos. Ahora en el evangelista introduce una categoría de personas consideradas insignificantes en la sociedad del día, pero quienes servirán de modelo para todo el que quiera entrar al Reino de Dios. La fama de Jesús se ha difundido tanto que ahora algunos traen párvulos (la palabra que Lucas emplea quiere decir niños de pecho) para que Jesús los toque, esto es, los bendiga. Aunque los hijos eran considerados como bendición de Dios en la sociedad judía y en el resto del mundo grecorromano, no eran personas de valor social, pues no tenían status social. Los discípulos opinan que la agenda de Jesús esta muy cargada para «malgastar» tiempo con infantes. La efectividad de la misión será mayor si Jesús dedica tiempo a los más importantes de su día; tal es la opinión de los discípulos. Al observar la acción de sus discípulos Jesús llama a los niños y, como de costumbre, aprovecha la ocasión para dar una lección discipular: el Reino de Dios está reservado para personas como estos niños.

3. El joven rico (18.18-30)

El episodio previo ilustra la receptividad de los socialmente insignificantes. El que sigue presenta un poderoso contraste. Se trata ahora de un hombre importante o «principal» (*archon*, líder, gobernante, primero) que carece de esa receptividad. En conjunto los dos pasajes ilustra el trastrueque social articulado por Jesús: los primeros serán postreros y los postreros primeros.

No está claro de qué clase social es este hombre descrito como un *archon*, un «principal». La palabra se aplica a los líderes de las sinagogas y a los de los fariseos. Después del episodio de los niños, este se acerca a Jesús llamándole «Maestro bueno». Al designar a Jesús como maestro el principal se declara su discípulo, dispuesto a escuchar la enseñanza de Jesús. Pero notemos la reacción de Jesús al uso del modificador «bueno». En el judaísmo el término «bueno» era usado para designar a una persona íntegra, una persona que en su esencia era buena. ¿Está Jesús declarando que él no es bueno? No, pues la respuesta de Jesús tiene que ver más con el motivo del principal que con su propia persona, aunque este tema no está ausente en el pasaje. El hombre se acerca a Jesús adulándole con la frase «Maestro bueno» con el propósito de congraciarse al Maestro y por tanto escuchar la respuesta que quiere oír. Pero también podemos ver en la respuesta que Jesús dirige los pensamientos del principal a lo que acaba de decir. Lo que Jesús dice puede entenderse como: «¿Verdaderamente crees que soy bueno? Solo Dios es bueno, ¿no debes reconsiderar entonces la identidad de quien te habla?». En otras palabras, en su respuesta Jesús quiere que el principal considere bien lo que dice para que así pueda decidir con respeto al mandamiento que sigue.

El principal pregunta: «¿Cómo puedo estar seguro que seré salvo en el día de la resurrección?». Jesús responde en términos conocidos en su día y aceptables para el principal. Jesús reafirma la justicia que la Ley demanda y presupone que el principal ha sido debidamente instruido en la Ley. Pero esto no le impide citar los mandamientos que conducían las relaciones entre los seres humanos. Confiadamente el hombre responde:

«Todo esto lo he guardado desde mi juventud». Hasta este punto en el relato parece que Jesús ha confirmado la posición del principal.

Jesús acepta su respuesta como válida, pero le advierte que le falta una cosa más. Le falta confiar total y completamente en Jesús para ser salvo. Por ello Jesús demanda: «vende todo lo que tienes y dalo a los pobres, y tendrás tesoro en el cielo; y ven, sígueme». Al vender todo lo que posee, dependerá completamente de Jesús para su sostén. Encontramos aquí el llamado al discipulado. Si confesamos que Jesús es el Señor de toda nuestra vida, ¿no debemos depositar toda nuestra fe en él? ¿Podrá este hombre confiar en Dios sin límites e incondicionalmente? Al oír lo que necesita hacer, se entristece porque es muy rico.

La pregunta inicial y el haber observado Ley desde la juventud indican que el principal ha dedicado esfuerzo a su búsqueda de la vida eterna. Pero al mismo tiempo indican que el hombre está dispuesto a hacer todo lo posible, siempre y cuando él esté en control en todo momento. No ha dependido completamente de Dios para su sostén. No puede imaginar vivir sin sus posesiones. El verdadero discípulo rinde toda la vida al Señor contando con que Jesús proveerá para todas sus necesidades. Pero, ¡cuántos han visto su fe naufragar en el mar de las riquezas! Difícilmente entrarán en el Reino de Dios los que tienen riquezas.

Jesús ilustra su sentencia con una hipérbole clásica: le es más fácil a un camello (el animal más grande de Palestina) pasar por el ojo de una aguja (uno de los objetos de creación humana más pequeños) que a un rico entrar en el Reino de Dios. La imposibilidad explícita en la ilustración ha resultado en varias opciones interpretativas. Una interpretación muy popular sugiere que el ojo de la aguja era una puerta estrecha en las ciudades amuralladas de Palestina. Por este «ojo» los camellos pasaban con suma dificultad. En realidad no hay ninguna razón histórica o arqueológica para aceptar la validez de esta interpretación. Otra opción popular entre algunos de los Padres de la Iglesia busca una solución lingüística. Sugieren un cambio en una de las vocales de la palabra griega. En vez de *kamelon* (camello) leen *kamilon* (soga). Por tanto el cuadro que se pinta es cómico pero no imposible. No es necesario llegar a este extremo. Jesús habla con exageración para así hacer énfasis sobre su enseñanza. La realidad es, dice Jesús, que las riquezas son obstáculos imposibles de sobrepasar para quien quiera entrar en el Reino con ellas. Tal entrada es imposible. Los discípulos claramente entienden el punto, pues preguntan, ¿Quién podrá ser salvo? Jesús responde que lo imposible para el ser humano es posible para Dios, quien sí puede pasar un camello por el ojo de una aguja. Dios puede salvar al rico.

Hablando por todos los discípulos Pedro señala que ellos han dejado todo y han seguido a Jesús. En el episodio de la pesca milagrosa Pedro y otros discípulos gozan del día más exitoso de pesca, pero al llegar a la ribera lo dejan todo para seguir a Jesús. La realidad es que al dejarlo todo por el Reino de Dios, el discípulo recibe mucho más de lo que deja.

K. Llegada a Jerusalén 18.31-19:44

1. Jesús anuncia nuevamente su pasión y muerte (18.31-34)

Tomando un descanso de la multitud, Jesús se aparta con los discípulos y pronuncia nuevamente lo que va a suceder cuando llegue a Jerusalén. Todo lo que dicen las Escrituras acerca del Hijo del Hombre se cumplirá. Esta predicción es diferente a las otras que encontramos en este evangelio por cuanto dice que el Hijo del Hombre será entregado a los gentiles. El papel que juegan los judíos en la crucifixión no se menciona. Por su parte los discípulos no entienden lo que Jesús les dice.

2. Curación de un ciego en Jericó (18.35-43)

Llegan Jesús y la compañía a Jericó. Un mendigo ciego está en el camino y, al oír el ruido de la multitud que va también por el camino, pregunta qué es aquello. Reconociendo a Jesús por reputación, grita diciendo «¡Jesús, Hijo de David, ten misericordia de mí!». El ciego sabe que Jesús es un hombre lleno de compasión y misericordia y que en él reside poder para sanar. El grito del ciego molesta a algunos en la compañía y le piden que calle; el ciego por su parte clama con voz aun más fuerte. Quiere estar seguro que Jesús le preste atención, y no deja que otros le quiten esa oportunidad. Su grito es un clamor de fe. Al enfrentarse a Jesús, el hombre hace su petición: Señor quiero recibir la vista. Primero, notemos que el hombre ha demostrado gran fe hasta este punto, pues no se dejó llevar por quienes trataron de silenciarle. Segundo, llama a Jesús, «hijo de David» y «Señor». Este hombre de alguna forma ha llegado a la conclusión que Jesús es el rey prometido, pues no se les daba a muchos judíos el título de hijos de David. Lo que este hombre ha oído le ha ayudado a comprender el señorío de Jesús. Tercero, el ciego pide un milagro que hasta ahora no se ha visto en este evangelio. Jesús simplemente dice la palabra y al instante el hombre recobra la vista. En gratitud el hombre sigue a Jesús en el camino glorificando a Dios. Se añade a la compañía de discípulos.

3. Jesús y Zaqueo: el poder transformador de la fe (19.1-10)

El encuentro con Zaqueo sirve como resumen de toda la jornada: el Hijo del Hombre vino a buscar y a salvar lo que se había perdido. Durante este viaje la invitación al discipulado se extiende a todo tipo de persona. En el evangelio Jesús anda con pecadores (incluso los publicanos) y declara que los tales entran al Reino de Dios. Los poderosos y los ricos quedan excluidos. Pero, ¿tiene futuro en el Reino quien es poderoso, rico y pecador? Zaqueo representa el marginado en todas sus dimensiones.

Al atravesar la ciudad de Jericó, Jesús se encuentra con Zaqueo, quien es un publicano. Lucas dirige la atención del lector a los logros de Zaqueo: es jefe de recaudadores de impuestos en la región y es rico. La escena está preparada para realizar lo declarado en 18.27: Dios logra lo imposible. Zaqueo buscaba ver a Jesús. Como el ciego en el camino a Jericó, Zaqueo conoce a Jesús por su reputación. El verbo «buscar» incluye el sentido de búsqueda de la verdad, de la salud, del significado de la vida o de la salvación. (5.18; 11.9; 12.31). Zaqueo busca la oportunidad de ver a Jesús en persona y «conocerle» un poco mejor.

En su primer intento de ver a Jesús, Zaqueo fracasa debido a su estatura. La muchedumbre que se ha congregado llena las calles, pues hay muchos que buscan ver a Jesús. Aunque rico y poderoso, parece que Zaqueo carece de amigos, pues nadie le permite pasar al frente para que pueda ver al Maestro. El lector se puede imaginar que esta falta de sensibilidad y cortesía no se debía al aprecio de la multitud por Jesús, que estaría más bien expresando su desaprobación del comportamiento del publicano. Sin embargo, como la viuda (18.1-8), Zaqueo no se da por vencido y el voto de desaprobación no le impide tratar otras alternativas. Insiste en realizar su objetivo. Zaqueo anticipa la ruta que Jesús ha de tomar para cruzar la ciudad (busca un lugar por donde Jesús *debía* pasar), se va adelante, encuentra un sicómoro y se sube al árbol.

Su deseo es sencillamente ver a Jesús. Pero lo que ocurre es más de lo que Zaqueo hubiera podido imaginar. Al llegar al lugar donde se encuentra Zaqueo, Jesús levanta los ojos y se invita a cenar con Zaqueo.

145

Jesús le indica a Zaqueo que debe bajar de prisa pues es *necesario* que *hoy* Jesús visite su casa. ¿Cómo sabe Jesús el nombre del hombre en el árbol? Aparte del conocimiento sobrehumano, alguien pudo haber identificado al hombre por nombre, quizás burlonamente haciendo referencia a la ridícula escena del hombre rico trepado en un árbol. El uso de la frase «es necesario» y del vocablo «hoy» implica la idea de necesidad divina, de que lo que ha de ocurrir es parte del plan divino. Hay una estrategia para socorrer a los perdidos, y hoy es el día para introducir a Zaqueo en la comunidad de fe. Aunque con solemne determinación va camino a Jerusalén, Jesús ahora va a permanecer por un tiempo en casa de Zaqueo. Zaqueo y la multitud reaccionan de maneras ya típicas en Lucas: Zaqueo con gran gozo, mientras los fariseos se quejan de las actividades de Jesús.

En tiempo indefinido, Zaqueo se pone en pie y dice « Señor, la mitad de mis bienes doy a los pobres; y si en algo he defraudado a alguien, se lo devuelvo cuadruplicado». Los verbos en presente de indicativo («doy» y «devuelvo») se pueden comprender como futuro inmediato («voy a dar, voy a devolver») o como presentes con valor durativo («tengo la costumbre de dar, tengo la costumbre de devolver»). Si aceptamos el valor durativo de los verbos, Zaqueo es uno de los justos aun antes de encontrarse con Jesús; pero era malentendido por sus vecinos en Jericó. Ahora frente a Jesús hace saber sus buenas costumbres a todos. En tal caso, Jesús se invita a la casa de Zaqueo para vindicar la reputación de este justo malentendido. Pero es nuestra opinión que es mejor aceptar el sentido futuro de los verbos por tres factores. Primero, si aceptamos el sentido durativo de los verbos, ¿por qué los ciudadanos no tienen conocimiento de estos actos de benevolencia? Segundo, ¿por qué en el versículo 10 Jesús, haciendo referencia a Zaqueo, dice que vino a buscar y a salvar lo perdido? Este comentario explicativo de Jesús presupone que hasta ese día Zaqueo está ajeno al Reino de Dios. Tercero, Jesús declara que «hoy» ha venido la salvación a la casa de Zaqueo. Lucas 19.10 es la esencia del evangelio, un magnífico sumario que en brevísimas palabras presenta claramente el evangelio: el Hijo del Hombre ha venido a buscar y a salvar lo que se había perdido. La humanidad se ha alejado de Dios y vive en un estado de perdición. Por su gracia Dios inaugura una búsqueda para encontrar y redimir a todos los perdidos.

4. Parábola de las diez minas (19.11-27)

El peregrinaje a Jerusalén está por terminar con la entrada a la ciudad santa. Al acercarse es natural para todo peregrino, incluso el conjunto de discípulos que acompaña a Jesús, meditar en las grandes acciones de liberación en la historia. Puesto que el pueblo judío estaba bajo el yugo romano, vivía con gran expectativa mesiánica. Esta expectativa se agitaba durante la Pascua, la fiesta que celebraba liberación de la esclavitud en Egipto y la creación del pueblo de Dios. Desde los días de los Asmoneos (167-63 a. C.) hasta décadas después de los eventos narrados en los evangelios, la fiebre de la expectativa mesiánica se manifestó constantemente. También se percibe en este pasaje, donde vemos que los discípulos pensaban que el Reino de Dios se manifestaría inmediatamente. Creyendo que Jesús es el Mesías esperan que el evento culminante pronto acontezca, a pesar de las muchas veces que Jesús ha dicho que será rechazado, maltratado y asesinado por sus enemigos. Pero Jesús quiere corregir esta percepción. El Reino ha sido inaugurado, pero habrá un interregno indeterminado en el que los seguidores de Jesús serán responsables de la expansión del Reino. En Hechos 1.6 los discípulos preguntan si el Reino se va a consumar en breve, o sea ahora mismo, y Jesús les instruye que tienen que salir y predicar el evangelio hasta lo último de la Tierra (la expansión del Reino).

La parábola de las diez minas habla de la responsabilidad de cada discípulo en cuanto a la expansión del Reino. La parábola es semejante a la de los talentos (Mt 25.14-30), aunque existen importantes diferencias entre ellas, sobre todo en la primera parte. En los estudios de las parábolas evangélicas se considera que hay una fuente común para las dos parábolas y que cada evangelista adaptó la parábola para su uso particular. Sin embargo, a pesar de las semejanzas, las diferencias indican que se trata de dos parábolas distintas. Las diferencias son tan fuertes, y las semejanzas tan leves, que es mejor aceptar la tesis de que son dos parábolas diferentes. En Lucas 19.11-27 hay dos parábolas tan bien entretejidas con la narración lucana que es muy difícil pensar que Lucas juntase dos parábolas diferentes en una. Lucas ha enfatizado, como los otros evangelios sinópticos, la predicción de la pasión y la crucifixión de Jesús. La parábola del hombre que viaja para recibir su Reino es nada menos que otra predicción, en forma parabólica, del rechazo de Jesús por el judaísmo oficial. Este tema recibirá mayor atención en el segundo tomo de Lucas, los Hechos de los Apóstoles.

Antes de partir para tierra lejana, el noble reparte una mina a cada uno de diez siervos con la instrucción «Negociad entre tanto que regreso». Su intención es evaluar la efectividad de cada siervo y determinar si son dignos de recibir más responsabilidades en el futuro. El hombre espera que cada uno de ellos use su mina para ganar más minas (más responsabilidades). El concepto de responsabilidades no debe limitarse al trabajo («negociar» en la parábola), sino que incluye la idea de participación en la autoridad del Reino, en su consumación. Como siervos fieles, estos reciben autoridad para gobernar en el Reino.

La partida del hombre hacia tierra lejana sugiere que pasará largo tiempo antes de su regreso. Implícitamente, Jesús responde a quienes esperan la consumación del Reino al entrar él en Jerusalén. Mientras el hombre va de viaje, sus ciudadanos envían una embajada que le rechaza como rey. La parábola tiene paralelos en la historia reciente de aquel tiempo. Después de la muerte de Herodes el Grande (c. 4 a. C.) uno de sus hijos, Arquelao, esperaba ser nombrado y coronado rey por el César. Los judíos protestaron enviando una delegación a Augusto César y expresaron su desaprobación hacia Arquelao. Augusto le dio audiencia a la delegación judía, dividió el territorio gobernado por Herodes en cuatro provincias, y nombró a Arquelao tetrarca de una de ellas. La alusión histórica ilustra para los oyentes lo que ocurrirá en el interregno antes del regreso del rey, es decir, que habrá oposición al reinado del Mesías.

Al regresar de viaje el hombre les pide cuentas a sus siervos. Los dos primeros siervos rinden sus informes, cada uno con ganancias diferentes. El noble los recompensa de acuerdo a sus ganancias. El tercer siervo presenta la mina original al noble sin ganancia alguna, pues había escondido su mina. Tuvo miedo porque en su opinión el hombre era muy severo, quien hasta toma lo que no es suyo. El siervo se encuentra en circunstancias desagradables. Si no negocia la mina, sabe que su amo no estará contento con su siervo y le castigará. Y si negocia y gana dinero, piensa que el amo se quedará con todo lo adquirido por sus esfuerzos. Esta segunda opinión del siervo es falsa, ya que los primeros dos siervos reciben sus ganancias para que sigan negociando. Este siervo no conoce muy bien a su señor. El dilema le paraliza y no hace negocios con su mina.

El amo reprende al siervo («mal siervo») y lo juzga usando como base la excusa expresada por el siervo mismo. Si verdaderamente el siervo creyese lo que dice del amo, entonces debería haber depositado la mina en el banco y por lo menos se hubiera asegurado de obtener ganancias por medio de intereses. La verdad es que este tercer siervo no conoce a su amo. Por lo tanto el noble le pide a los que están presentes que lleven a cabo el juicio: «¡Quitadle lo que tiene y dádselo al que tiene diez!». Al oír la protesta de los otros siervos, el noble pronuncia el punto central de la parábola: al que tiene le será dado más, pero al que no tiene aun lo que tiene le será quitado. O sea que aquel que no confía en la gracia divina, aunque tenga alguna conexión con el pueblo de Dios, no tiene en realidad relación alguna. En última instancia, se presentan ante el Señor con las manos vacías. Tal siervo pierde lo que cree que tiene. La parábola nos hace pensar en personas como Judas Iscariote, quien participa en el reino visible, pero en realidad no es parte integrante del Reino. La idea central de la parábola es la responsabilidad del discípulo quien no puede quedarse inmóvil en el Reino, no puede ser ocioso. Hay que hacer fructificar la vida del discípulo. Lo peor de todo es la falta de ánimo y de valor para intentar grandes cosas. La base de esa pusilanimidad es el miedo al riesgo que nace de un falso concepto del Señor. El discípulo fiel vive su vida con la realidad de la consumación del Reino en el futuro y sabe que entretanto es mayordomo de su vida. El pasaje concluye pronunciando un castigo severo sobre aquellos ciudadanos que se opusieron al rey.

5. La entrada triunfal a Jerusalén (19.28-44)

Comenzando en 9.51 Lucas ha advertido a sus lectores que la meta o destino de Jesús es Jerusalén. En sus predicciones de rechazo, traición y muerte, Jesús ha indicado lo que le espera al final de su jornada. Ahora llega el momento decisivo: Jesús entra a la ciudad santa. A través del uso de alusiones reales y de la expectativa escatológica de su día, Lucas pinta un cuadro en el cual la entrada a la ciudad es aclamada por la multitud como la llegada del rey prometido. Jesús acepta la aclamación del pueblo, pero los líderes religiosos expresan su desaprobación.

Acabando de advertir a sus discípulos de su responsabilidad como mayordomos, Jesús dirige a sus seguidores a Jerusalén. Envía a dos discípulos a la aldea cercana con instrucciones para encontrar y traer un pollino para su uso. Las instrucciones revelan que Jesús está en control de la situación y de los eventos que acontecerán durante la estadía en la ciudad. Los detalles del pollino y la anticipada reacción de sus dueños pueden comprenderse de dos formas. Primero, es posible que Jesús una vez más quiere mostrarles a sus discípulos su conocimiento de todo lo que está por delante y así revelar algo de su divinidad. El resultado sería incrementar la confianza de los discípulos en quién es Jesús. Otra manera de comprender esto es ver aquí un acto premeditado por Jesús. Esto es, queriendo Jesús presentarse públicamente como el Mesías prometido, de antemano arregla los detalles con los dueños del pollino, discípulos que nos son desconocidos, con el propósito de declarar abiertamente que él es el rey prometido. Los arreglos para usar el pollino, incluso la conversación con los dueños como la contraseña, entonces revelan la visión de Jesús acerca de sí mismo.

En una escena que recuerda la entrada del rey Salomón a Jerusalén y la declaración del reinado de Jehú, Lucas describe la entrada a la ciudad. Los discípulos traen el pollino a Jesús, tienden sus mantos sobre el pollino y ponen al Maestro sobre la cabalgadura. En el camino otros discípulos alfombran el camino con sus mantos. Lucas no menciona a las ramas de palmas que algunos tienden en el camino. Quizás este detalle no tendría sentido para su audiencia gentil. La escena anuncia la presencia de un dignatario camino a la ciudad. Cuando llega el grupo a la bajada del monte de los Olivos, esto es, cuando la relación de la entrada con el monte de los Olivos sea más obvia, la multitud de discípulos «gozándose, comenzó a alabar a Dios a grandes voces por todas las maravillas que habían visto». Algunos cantan alabanzas y otros cuentan las maravillas (los milagros) de que han sido testigos. La frase «todo lo que habían visto» incluye todos los acontecimientos del evangelio, y no solo lo que tiene lugar en esos instantes.

Los discípulos cantan en voz alta el Salmo 118.26, confesando su aceptación de Jesús como rey. Hasta ahora, Lucas solamente ha hecho alusiones al reinado de Jesús. Aquí, explícita y públicamente, Jesús es proclamado rey. La aclamación de los discípulos no es compartida por todos los presentes. Los fariseos oyen el cántico, entienden su sentido, e inmediatamente le piden a Jesús que reprenda a sus discípulos. Piensan que la aclamación es errónea y temen que el fervor mesiánico expresado por la multitud termine en desastre para la nación. Si la multitud calla, dice Jesús, la creación misma dará testimonio de quién es Jesús. La referencia a la creación nos recuerda a Génesis 4.10 y Habacuc 2.11, donde la creación testifica la injusticia sobre la Tierra. El silencio de la multitud sería una gran injusticia, y por tanto las piedras mismas testificarían a voces. De una u otra manera la llegada del rey sería anunciada.

Acercándose aun más a la ciudad, Jesús se lamenta por Jerusalén en un pasaje único en Lucas. El acto de lamentar por la ciudad santa recuerda varias actividades proféticas (2 Re 8.11; Jer 9.1, 14.17). Jesús llora porque Jerusalén no ha discernido correctamente la naturaleza del tiempo y lo que está aconteciendo a sus puertas: la oportunidad de recibir restauración y paz. Usando un modismo profético («vendrán días»), Jesús anuncia que los enemigos de Jerusalén la sitiarán y la destruirán. Empleando una serie de verbos en el futuro («te rodearán, te sitiarán, te estrecharán»), Jesús profetiza la destrucción de la ciudad que tendría lugar en el año 70. Algunos intérpretes, dudando de tal habilidad profética, ven aquí una profecía después del evento como si Lucas pusiera en labios de Jesús lo que Lucas mismo vio más tarde.

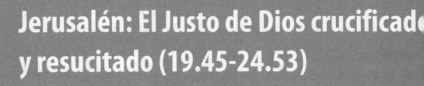

Jerusalén: El Justo de Dios crucificado y resucitado (19.45-24.53)

Capítulo 5

Jesús y el grupo de discípulos llegan a Jerusalén e inmediatamente las controversias conducen a una confrontación inevitable. Jesús enseña acerca del *Escatón* (el Fin). Al celebrar la pascua con sus discípulos Jesús reinterpreta la ceremonia a luz del acto salvífico que él mismo ha de efectuar. Traicionado por uno de su círculo íntimo de seguidores, Jesús es entregado a manos de sus enemigos, quienes manipulan el proceso judicial para asegurar su condena. Jesús es crucificado y sepultado. Al tercer día Dios le levanta de los muertos.

Bosquejo de esta sección

A. Controversia en Jerusalén 19.45-21.4
    1. Controversia en el templo: purificación del templo 19.45-48
    2. Controversia sobre la autoridad de Jesús 20.1-8
    3. Parábola de los labradores malvados 20.9-19
    4. Controversia sobre el tributo al César 20.20-26
    5. Controversia sobre la resurrección 20.27-40
    6. La pregunta de Jesús sobre el Mesías 20.41-44
    7. Jesús condena a los escribas 20.45-47
    8. La ofrenda de la viuda 21.1-4
B. La destrucción de Jerusalén y el fin 21.5-38
C. La traición y despedida 22.1-38
    1. Judas hace planes para traicionar a Jesús 22.1-6

A. Controversia en Jerusalén19.45-21.4

1. Controversia en el templo: purificación del templo19.45-48

La purificación del Templo aparece en los cuatro evangelios canónicos. La divergencia más sobresaliente entre estas cuatro representaciones la encontramos en el evangelio de Juan. En Juan la purificación del Templo aparece al principio del ministerio público de Jesús (2.14-22). Todos los intérpretes reconocen la dificultad de reconciliar la versión *joanina* con los sinópticos. Algunos sugieren que hubo múltiples purificaciones del Templo, una al principio y la otra al concluir el ministerio terrenal de Jesús. Aunque las diferencias de detalles en Juan apoyan la idea de dos purificaciones, es más razonable pensar que un acto tan significativo ocurrió solamente una vez y que Juan por razones teológicas coloca el relato al principio.

El relato en Lucas es el más breve de todos. El tercer evangelio evita toda referencia a acciones de parte de Jesús que puedan percibirse como violentas (Mc 11.15-17). En Lucas Jesús entra al Templo «y comenzó a echar fuera a los que vendían» y después de pronunciar un brevísimo mensaje, el maestro «enseñaba cada día en el Templo». Esa es la única actividad que Lucas menciona. El Templo en Jerusalén era visitado por peregrinos judíos de todas partes del mundo conocido, particularmente durante las fiestas nacionales. Al llegar al Templo estos peregrinos participaban en los cultos y en las ofrendas de sacrificios y pagaban el impuesto al Templo. La necesidad de proveer animales aprobados para el sacrificio y la obligación de pagar el impuesto en moneda de Tiro creó en el área del Templo un mercado de cambio y venta de monedas. Esta actividad comercial comenzó en las afueras del Templo, pero con el tiempo se fue acercando más y más hasta que se encontraba en los mismos atrios del Templo. El Templo en sí tenía varias divisiones que distinguían entre quienes podían entrar a cada una de ellas. En el lugar santísimo solamente el sumo sacerdote o su designado podía entrar, y esto no era muy frecuente. En el atrio de los judíos solamente los varones judíos podían entrar. Más afuera se encontraba el atrio de las mujeres. Y aún más distanciado del altar se encontraba el atrio de los gentiles. Se cree que el mercado se situaba en el atrio de los gentiles, negándoles así a los gentiles la única oportunidad que tenían de participar —siquiera desde lejos— en la adoración en el Templo. Jesús se molesta porque la avaricia se ha infiltrado hasta la casa de oración y al mismo tiempo excluye a los gentiles del Templo.

Jesús explica su acción citando a los profetas. La primera cita viene de Isaías 56.7 y expresaba el deseo de que el Templo fuese lugar de oración para el pueblo de Dios. La segunda se encuentra en uno de los pasajes

154

bíblicos que presenta el juicio de Dios sobre el Templo y las actividades que se llevaban a cabo allí. Jeremías 7 conserva las palabras de juicio contra el pueblo por su infidelidad, idolatría y falta de compasión. Aunque infiel a su llamado, el pueblo se acerca confiadamente al Templo sin intención alguna de abandonar la vida de pecado. Jeremías 7 presenta uno de los juicios más fuertes y chocantes en todo el Antiguo Testamento: Dios destruirá el Templo porque el pecado del pueblo ha hecho de él una cueva de ladrones. La imagen en Jeremías, y aquí en Lucas, expresa la idea de que para los judíos el Templo funciona como una cueva para ladrones. Después de hacer sus maldades, el ladrón se esconde en la cueva y allí se siente seguro de que no será castigado.

Algunos intérpretes dudan de la veracidad de la purificación del Templo. Opinan que no era posible echar fuera a los comerciantes y voltear las mesas de los cambistas sin la intervención de las autoridades civiles (la guarnición romana en la Torre Antonia). Pero no es necesario entender la purificación del Templo como un acto total. El propósito de Jesús no es echar fuera a todos los comerciantes, sino hacer una declaración de las falsas esperanzas que tienen muchos entre el pueblo. En vez de venir al Templo para orar, vienen para esconderse de sus maldades. Jesús lleva a cabo una acción simbólica, práctica común entre los profetas de Israel para llamar la atención al mensaje que quieren proclamar.

El relato en Lucas concluye con un resumen narrativo, de los cuales habrá muchos en Hechos. Cada día Jesús enseña en el Templo, en público. Los líderes religiosos buscan la oportunidad para matarle, pero no encuentran la ocasión, ya que el pueblo está atento a las palabras de Jesús. Lo que los poderosos desean es eliminar a Jesús sin que el pueblo los haga responsables. En el próximo capítulo Lucas narra algunos de los esfuerzos inútiles de estos líderes.

2. Controversia sobre la autoridad de Jesús (20:1-8)

Jesús enseña el evangelio en el Templo diariamente. Se acercan varios líderes de los judíos y le hacen una pregunta compuesta de dos partes: (1) ¿Qué autoridad tiene Jesús? y (2) ¿Quién le dio esta autoridad? Desean saber de quién ha recibido Jesús la autoridad para hacer lo que hace y decir lo que dice («estas cosas»). La frase «estas cosas» puede referirse a todo lo que Jesús ha hecho hasta ahora o, con mayor probabilidad, a lo que acaban de ver: la purificación del Templo y la práctica de la enseñanza.

Confrontando a Jesús en público, los líderes buscan avergonzar al que dice ser maestro al crear dudas en cuanto su aprobación como tal. Quieren presentar a Jesús como quien está fuera de las fuentes autoritativas que ellos (los líderes y la multitud) reconocen y aceptan.

En la formulación de su contrapregunta, Jesús simplifica la cuestión de su autoridad. La pregunta de los líderes aparentemente no sugiere respuesta alguna, dejando que Jesús enumere opciones. La contrapregunta, al emplear el ejemplo de Juan el Bautista, limita el campo de especulaciones a un solo tema, el bautismo de Juan, y las respuestas a dos, pues la autoridad de Juan ha de venir del cielo o de los humanos. La contrapregunta pone a los líderes en un dilema, y discuten sus opciones entre sí. Si admiten que el mensaje de Juan es del cielo, entonces, ¿por qué no responden positivamente al mensaje de Juan y admiten que el Mesías se ha manifestado? Pero si dicen que Juan habló por sí mismo, entonces ofenderán a la multitud, que acepta a Juan como profeta. Encontrándose en situación dificultosa ellos responden como muchos políticos en el presente: sin comentario.

Como no pueden discernir el origen del mensaje de Juan o, mejor dicho, no quieren admitir su evaluación de Juan, tampoco pueden evaluar la autoridad de Jesús. Empero, la siguiente parábola responde a la pregunta sobre la autoridad de Jesús.

3. Parábola de los labradores malvados (20.9-19)

Esta parábola, como sus paralelos en Marcos y Mateo, resume la historia de Dios con su pueblo. La versión lucana presenta algunas divergencias con los otros evangelios. Una de ellas es que la escena introductoria es más breve en Lucas.

La introducción de la parábola presenta a un hombre que planta una viña, la arrienda a labradores y se ausenta por largo tiempo. Mateo y Marcos incluyen más detalles que subrayan el cuidado que el hombre le da a su viña. La metáfora de la viña se inspira en Isaías 5.1-7, aunque Lucas no identifica la viña con Israel. El punto central de la parábola no es la viña (como en Isaías 5), sino los arrendadores que maltratan a los siervos del dueño. En los evangelios, la viña es la promesa que Dios la ha hecho a su pueblo.

Pasa el tiempo y el hombre decide que ha llegado la hora de recibir el producto de su inversión. Envía a uno de sus siervos para que le traiga su porción. Este siervo no encuentra buena recepción (los labradores lo golpean y lo envían al amo con las manos vacías). El hombre envía a dos siervos más, y estos son tratados de forma semejante al primero: los golpean, los insultan, y los envían con las manos vacías. Lo que sucede con el tercero es anuncio de lo que ocurrirá después, pues es echado fuera y herido.

En este punto en la parábola resulta claro para el oyente, como para el lector moderno, que la parábola representa la historia del pueblo de Dios. Después de plantar su viña (la creación del pueblo), Dios deja la nación bajo el cuidado de los líderes. A su debido tiempo los profetas (los siervos) aparecen anticipando fruto de justicia. Pero son maltratados y regresan al Señor con las manos vacías. En un soliloquio el dueño explica su estrategia. Quiere recibir su porción del fruto de la viña, pero está claro que los labradores no respetan a los siervos del Señor. Decide entonces enviar a su hijo amado, pues «cuando le vean le tendrán respeto». Aparte del dueño, no hay nadie que merezca más respeto que el hijo.

Los labradores reconocen al hijo y formulan un plan para desasociarse del dueño de la viña. Echan fuera al hijo de la viña y lo matan con la esperanza de que sin heredero, la viña pronto sería de ellos. Jesús concluye la parábola con una alusión a su rechazo (echar fuera) y a su muerte a manos de los líderes religiosos. Ellos hacen sus planes en secreto, pero Jesús conoce sus intenciones. No habrá sorpresas cuando arresten y echen fuera a Jesús para crucificarle.

Una pregunta retórica dirige a los oyentes hacia la interpretación y aplicación de la parábola. La pregunta invita a la audiencia a reflexionar en la reacción del dueño. Los labradores de la parábola expresan el sentimiento de los líderes judíos: el dueño abandonará su viña y ellos estarán libres de su responsabilidad para con él. Jesús expresa palabras análogas a juicios pronunciados por los antiguos profetas de Israel. La parábola termina con acción paralela al comienzo. El dueño de la viña plantó, arrendó y se ausentó (literalmente se fue lejos), ahora encontramos que él vendrá, destruirá y dará. El paralelismo verbal sugiere acción decisiva y final. Los labradores soñaban con heredar la viña, pero eran arrendatarios con obligaciones al dueño. Al rechazar ellos al hijo, el dueño los destruye y les da la viña a otros. La audiencia comprende muy bien el significado de la parábola pues dicen: «¡Nunca suceda tal cosa!». Jesús responde al deseo del pueblo citando el Salmo 118.22. En su contexto original el Salmo 118 presenta a una nación rechazada por los gentiles pero enaltecida por Dios. En Lucas el Salmo presenta a Jesús rechazado por la nación judía, pero enaltecido por Dios. Jesús tiene el lugar de honra ante la presencia de Dios. No importa cómo ellos (los que rechazan al hijo) se enfrenten a la piedra (caigan sobre ella, o ella caiga sobre ellos) el resultado es el mismo: su destrucción. Entendiendo claramente el sentido de la enseñanza, los líderes procuran echarle mano a Jesús. En la parábola Jesús enfatiza las consecuencias desastrosas para el pueblo judío, ya que han rechazado al Mesías.

La enseñanza de esta parábola es difícil de aceptar para muchas personas, y no solo para los judíos. La triste realidad es que cuando una persona o un pueblo rechazan abiertamente al Señor, eventualmente las ventanas de la oportunidad se cierran y los incrédulos sufren las consecuencias de sus decisiones.

4. Controversia sobre el tributo a César (20.20-26)

La pregunta sobre la autoridad (1-8) no dio los resultados que los interlocutores esperaban. La parábola de los labradores en la viña demuestra que Jesús está al tanto de sus maquinaciones y está dispuesto a confrontar a sus adversarios y hasta a juzgarlos (9-19). Pero los adversarios no han agotado sus esfuerzos para callar a Jesús, sino que lo intentarán de nuevo. Con ese propósito («acechándolo») envían espías que simulan ser justos, es decir sinceros, para sorprender a Jesús en alguna trampa y así entregarlo a las autoridades romanas para que lo ejecuten. Estos se acercan a Jesús con adulación en los labios, pero malicia en los corazones. Dicen que Jesús enseña rectamente, que no tiene favoritos (que confrontaría a cualquier persona, aun a los oficiales del gobierno) y que enseña con verdad.

Su pregunta trata sobre el impuesto o tributo pagado directamente a Roma. Estos tributos son diferentes a los impuestos, la tarifa cobrada por los publicanos. El valor monetario del tributo no era gran cosa. Cada hombre adulto pagaba un denario al año (equivalente a un día de trabajo para un jornalero). Más importante era el valor significativo del tributo. El acto de pagar tributo admitía la sujeción del pueblo de Dios a los romanos. El censo mencionado en 2.1-7 era para determinar el tributo del distrito y también para reafirmar la autoridad romana sobre todos. Al preguntar si el tributo es legal o no (lícito), los líderes en efecto están preguntando si Jesús apoya los sentimientos y movimientos de independencia o prefiere el dominio romano.

Jesús comprende su astucia y declara que su intención es en realidad una trampa o prueba. (Algunos manuscritos omiten la frase: ¿Por qué me tentáis?). Pidiendo que le muestren un denario, con el que se pagaba el tributo, Jesús les pide que identifiquen la imagen y lean la inscripción. Las monedas judías no tenían imágenes en observancia del segundo mandamiento. Por su parte, las monedas romanas sí tenían imágenes de sus dioses y gobernantes, e incluían inscripciones atribuyéndole divinidad al César. Al pedir la moneda Jesús forza a los judíos a admitir que tienen tal moneda a la mano, y que la única forma que pueden hacer transacciones financieras es mediante el uso de las monedas romanas. El uso diario de la moneda es una forma de admitir la autoridad de Roma sobre sus vidas. Con su petición Jesús declara que la esencia de la pregunta sobre el tributo se pierde en el uso diario del denario.

Jesús contesta y dice que el tributo ha de pagarse a César, pero añade el deber de honrar a Dios también. El vocablo griego *apodidomi* (dad) puede usarse con el sentido de pagar una deuda, y su uso aquí implica el reconocimiento de una deuda civil que ha de pagarse. Las autoridades civiles, aun el gobierno romano, son constituidas por Dios para el bien de la sociedad y el discípulo debe respetar esa autoridad. El pagar impuestos y tributos, por ejemplo, es una de las maneras de reconocer esa autoridad (véase Ro 13.1-7; 1 P 2.13-17). Con su astuta pregunta los líderes demandaban una respuesta que distanciara las obligaciones al estado (el César) del testimonio del pueblo de Dios. Jesús responde estableciendo la necesidad de hacer las dos cosas. Hay que pagar el tributo, y los impuestos, porque es una obligación civil; pero también hay que darle a Dios lo que merece: honor y gloria. El pasaje concluye con un resumen. La respuesta de Jesús sorprende a los espías, que no tienen otro recurso que el silencio.

5. Controversia sobre la resurrección (20.27-40)

Los primeros dos intentos de atrapar a Jesús no han sido satisfactorios para los fariseos y escribas (20.1-8, 20-26). Silenciados estos, entra en escena un tercer grupo de líderes judíos para confrontar a Jesús con otra cuestión religiosa. Según el historiador judío Josefo (*Guerra*, 2.8.14; *Antigüedades*, 18.1.4) los saduceos eran una secta judía compuesta de sacerdotes y laicos (descendientes de sacerdotes) que reverenciaban solamente los libros de la Ley y rechazaban el valor de las tradiciones (en contraste con los fariseos, quienes enaltecían las tradiciones). Negaban la doctrina de la resurrección y no creían en la existencia de los ángeles. Socio-económicamente los saduceos eran considerados ricos y gozaban del más alto estatus social. Políticamente defendían el *status quo*, pues cualquier alteración a la situación socio-económica y política sería perjudicial para ellos. Su origen es desconocido.

Los saduceos vienen ahora a Jesús y le presentan una situación que, en su opinión, ridiculiza la doctrina de la resurrección. Se debe notar que aparentemente Jesús acepta y enseña sobre la resurrección, pues si no es así no se explicaría la pregunta de los saduceos. La cuestión gira alrededor de la ley del levirato. Esta ley disponía que si una mujer perdía su marido antes de tener un hijo, el hermano del difunto (o el pariente más cercano si no había hermano) debía casarse con la viuda para que el primer hijo de este segundo matrimonio fuese contado como hijo del primer esposo. El propósito de esta práctica era la preservación del linaje del primer esposo. Deueronomio 25.7-10 pronuncia juicio contra el hombre que deshonra la memoria de su hermano al rehusar el derecho de su cuñada.

El caso presentado por los saduceos describe una serie de matrimonios en cumplimiento de la ley del levirato. Una mujer se casa con un hombre quien tiene seis hermanos. Su marido muere sin dejarle hijo; ella se casa con uno de los hermanos. Este muere y el ciclo se repite hasta que la mujer se ha casado con los siete, pero todavía no tiene hijo. La situación explicada, los saduceos plantean su pregunta. Ya que la mujer contrajo matrimonio con los siete en sucesión, en la resurrección, ¿de cuál de ellos será mujer? Para los saduceos la situación es tan absurda que prueba que la doctrina de la resurrección es errónea. Su pregunta presupone que: (1) la vida en la resurrección es de la misma calidad que la vida terrenal, y (2) en la resurrección habrá matrimonio monógamo.

Comparando la respuesta de Jesús en Lucas con la que aparece en Mateo y Marcos, notamos que Lucas omite tres detalles: (1) La conclusión explícita de que los saduceos yerran al negar la doctrina de la resurrección; (2) que no conocen bien las Escrituras, y (3) que no consideran el poder de Dios. Lucas es el único que hace referencia a la época presente. En su respuesta Jesús hace contraste de las dos épocas (esta y la venidera) y así destruye el fundamento que crea el dilema para los saduceos. La realidad de la época actual es que «los hijos de este mundo se casan y se dan en casamiento». En otras palabras, Jesús declara que en la resurrección las relaciones humanas cambian.

Pero, añade Jesús, no todos son dignos de alcanzar la resurrección. El gozo de la salvación se reserva para quienes confían en Dios para su salvación y se han comprometido a la jornada del discipulado. En cuanto a quienes alcanzan la resurrección, el hecho de que las personas no mueran sugiere que el matrimonio perdió su relevancia. La realidad es que en la resurrección todos somos hijos e hijas de Dios, de modo que no hay necesidad de matrimonios o familias como la sociedad humana las clasifica en esta época. La frase «son como los ángeles» se refiere a la muerte (los resucitados no mueren, pues son como los ángeles, que viven para siempre) y no a la falta de sexo en los ángeles.

Finalmente, Jesús usa las Escrituras para defender la doctrina de la resurrección. Utilizando el libro del Éxodo, aceptado como autoritativo por los saduceos, Jesús repite las palabras del Señor a Moisés: el Señor es el Señor de Abraham, Isaac y Jacob. Al presentarse de esta manera, Dios afirma que él es el Dios del pacto y de la promesa. Si los patriarcas estuviesen muertos, sugieren estos versículos, entonces las palabras de Dios en Éxodo serían falsas. Por tanto estos patriarcas tienen que estar vivos.

6. La pregunta de Jesús sobre el Mesías (20.41-44)

Silenciados los fariseos, escribas y saduceos, Jesús toma la iniciativa y confronta a los líderes en los tres pasajes que siguen. En 20.41-44 Jesús cita el Salmo 110.1 y formula una cuestión teológica: ¿De quién es hijo el Mesías? Los escribas y su amor al reconocimiento público se denuncian en 20.45-47. La piedad expresada a través de actos religiosos se considera en el caso de la ofrenda de la viuda (21.1-4).

La expectativa mesiánica esperaba que el Mesías fuese un rey davídico. Esta identificación emplea imágenes y metáforas incrustadas en los salmos reales; es decir, los que celebran la vida del rey. El título «hijo de David» es uno de los más conocidos. Citando el Salmo 110, Jesús dirige a su audiencia a reflexionar en la tensión implícita en el salmo.

161

¿Cómo es posible que aceptemos la designación del Mesías como Hijo de David cuando en el mismo Salmo 110 David llama al Mesías «mi Señor»? ¿Cómo puede ser Hijo y Señor a la misma vez? El Salmo presenta el reinado del Mesías («siéntate a mi diestra») hasta la consumación de la historia, cuando Dios derrotará a todos sus enemigos. El punto que Jesús está enfatizando es que el salmo implica que el Mesías trasciende a David y que David reconoce la autoridad del Mesías sobre él mismo. El Mesías es el Señor de David, y David mismo lo declara. Jesús deja los oyentes con una pregunta a considerar: «Si es Señor, ¿cómo es su Hijo?». Jesús no explica nada más, y Lucas no describe la reacción de los oyentes.

7. Jesús condena a los escribas (20.45-47)

Con la multitud atenta, Jesús denuncia a los escribas, a quienes les encanta la atención del pueblo mientras que en privado devoran las casas de las viudas. Esto es, ignoran la necesidad de estas mujeres y violan los principios bíblicos que demandan compasión y misericordia hacia las viudas, los huérfanos y los extranjeros. Esta triada representaba a los miembros de la sociedad sin recursos y sin conexiones sociales que les permitieran proveer para sí mismos, y por eso es que en muchísimos lugares encontramos exhortaciones a ayudarles. Los escribas hacen todo lo contrario. Se aprovechan de la desgracia para apoderarse de las casas de las viudas. La avaricia controla sus vidas aunque en público pronuncian largas oraciones para impresionar a los oyentes y para que se maravillen de su piedad. En recompensa, dice Jesús, recibirán mayor condenación.

8. La ofrenda de la viuda (21.1-4)

Lucas ofrece un poderoso contraste que señala la denunciada altivez de los escribas. Jesús observa a quienes ven echando sus ofrendas en el «arca del tesoro». Estos recipientes son descritos en la Misná y en varios documentos de la era entre el Antiguo Testamento y el Nuevo. Cerca de la Corte de las Mujeres, en el Templo, había trece recipientes para recibir las ofrendas utilizadas para los gastos del Templo. Los ricos echan sus ofrendas y son observados por todos. En medio de los ricos Jesús observa una viuda pobre que echa dos monedas de cobre. Estas monedas tienen un valor mínimo. El adjetivo «pobre» se utiliza para designar una persona en necesidad. Esta viuda ha dado más que todos porque los ricos dan de su abundancia, mientras ella da de su pobreza. En medio de su necesidad da todo lo que tiene. El contraste indica que las ofrendas a los ricos les cuestan muy poco, lo cual muestra poca confianza en el sostén divino, ya que tienen recursos adicionales. La viuda al dar todo lo que tiene expresa su confianza en que Dios proveerá para ella. Jesús alaba su acción y la ofrece a los discípulos como ejemplo de la ofrenda que Dios espera de los suyos.

B. La destrucción de Jerusalén y el fin (21.5-38)

El discurso apocalíptico de Jesús (Mc 13.1-37; Mt 24.1-44 y Lc 21.5-38) es uno de los más discutidos en la historia de la interpretación. Es tan complejo que no comprendemos claramente su enseñanza. Esta dificultad interpretativa se debe a un número de factores que oscurecen el sentido del texto:

Primero, el intérprete tiene que plantearse la cuestión del origen del discurso. Este factor es en sí mismo digno de cuidadoso estudio que no podemos discutir en el espacio disponible. Básicamente el intérprete tiene tres opciones a considerar: (1) 21.5-39 (y sus pasajes parelelos en los otros evangelios) es un discurso pronunciado por Jesús mismo; (2) el discurso fue creado por la Iglesia primitiva (Mc 13 refleja entonces la creación original) para explicar la demora de la parusía; o (3) el discurso es un breve apocalipsis judío que los cristianos adaptaron para su uso. Aunque cada una de estas opciones tiene sus méritos y sus dificultades, la mejor opción a mi parecer es que el discurso procede originalmente de Jesús, como lo presentan los evangelios sinópticos. Aparte de las divergencias sinópticas, las cuales trataremos en la exégesis que sigue, hay dos razones por las cuales los modernos rechazan la teoría del origen del discurso en Jesús. Para muchos estudiantes del Nuevo Testamento el texto bíblico, y el lucano en particular, predice con tanta exactitud la destrucción de Jerusalén en el año 70, que sugiere una predicción después del evento; es decir, que Lucas pone en boca de Jesús anuncios de los acontecimientos que sucedieron después, y que Lucas conocía. A esta objeción respondemos que predecir el futuro es posible para el punto de vista teocéntrico. Esto es, si presuponemos que creemos en un Dios trascendente, no limitado por el espacio y el tiempo, entonces la objeción de la imposibilidad de predecir el porvenir cae por tierra. Los libros del Antiguo Testamento están repletos de ejemplos de esta actividad profética. Añadimos a nuestra respuesta que la predicción de la destrucción de Jerusalén no es tan precisa como dicen algunos. En realidad la descripción «cuando veáis a Jerusalén rodeada de ejércitos, sabed entonces que su destrucción ha llegado... Caerán a filo de espada y serán llevados cautivos a todas las naciones, y Jerusalén será pisoteada por los gentiles», etc., describe estrategias militares empleadas en muchísimos casos en la antigüedad en guerras contra ciudades amuralladas. La misma descripción se puede usar para describir la destrucción de Jerusalén por los babilonios seiscientos años antes.

La segunda razón por la cual muchos rechazan el origen del discurso en Jesús va al otro extremo. Algunos sostienen que en el discurso Jesús espera la consumación del Reino de Dios en conjunto con la destrucción del Templo y de Jerusalén. Estos opinan que el discurso es el intento de corregir ese error de parte de la Iglesia primitiva. Esta sugerencia está basada en la idea de que Jesús esperaba la consumación del Reino en breve. Pero ya hemos visto evidencias en las parábolas del Reino de que para Jesús el Reino de Dios es futuro, aunque se inaugura ya con su presencia y los súbditos del Reino pueden gozarse de algunos de sus beneficios desde ahora. Por tanto no es necesario rechazar el origen del discurso en Jesús mismo.

El segundo factor que causa esta dificultad interpretativa concierne a la relación sinóptica. Aceptando la prioridad de Marcos para resolver el problema sinóptico, el intérprete se da cuenta de que las divergencias entre Marcos, Mateo y Lucas son muy difíciles de explicar. Por ejemplo, en Lucas 21.5-38 encontramos que algunos versículos apenas se parecen a los de Marcos (Lc 21. 20, 21b, 22, 23b, 24-26a, 28), mientras que al mismo tiempo otros versículos reproducen el texto de Marcos sin divergencia alguna (Lc 21.21a, 23a, 26b-27). Además, como ya hemos notado en la exégesis del capítulo 17, muchos de los elementos de Marcos 13 se encuentran en Lucas 17. Aunque esto es en esencia el «problema sinóptico», que se ve a través de todo el evangelio, y que se refiere a la relación entre los tres primeros evangelios, aquí las divergencias parecen cambiar el sentido del discurso en su totalidad y no solamente en dichos singulares. La presentación del discurso en Lucas deja claro que habrá un largo tiempo entre la destrucción de Jerusalén y el día del fin (el *escatón*). En el evangelio de Marcos ese interregno no es tan claro.

Nuevamente este factor es digno de amplio estudio. Sin embargo, es suficiente para nuestros propósitos aquí tener en mente que cada evangelista, al presentar su versión de la vida y los dichos de Jesús, usa lenguaje útil para presentar su teología y perspectiva del Salvador. En la selectividad de lo que el evangelista incluye y omite, cada autor provee su interpretación de la vida de Jesús. Lucas, como ya hemos notado, hace énfasis en la realidad del reino en el presente, aproximándose a lo que algunos llaman «escatología realizada». Este concepto enseña que los beneficios del Reino se apropian ahora y que el discípulo ahora entra en el reino; sin embargo, no rehúsa elementos futuros, sino que pone más peso en el presente que en el futuro. Con este concepto en mente Lucas selecciona porciones del discurso apocalíptico que apoyen su teología y omite aquellos que a primera vista presentan el punto de vista contrario. Como ejemplo, notemos que Lucas no menciona en dónde está Jesús al pronunciar este discurso, mientras que Marcos y Mateo señalan que está en el Monte de los Olivos, frente al Templo. Esta omisión señala que Lucas quiere que su lector se imagine a Jesús pronunciando estas palabras en el Templo mismo. (El tema del Templo en Lucas-Hechos es digno de cuidadoso estudio. El Evangelio comienza con la experiencia de Zacarías al recibir una visita angelical en el Templo, y en Hechos 21 vemos cómo se cierran las puertas del Templo cuando Pablo es arrestado. Simbólicamente Lucas señala que las puertas que dan acceso al Señor son cerradas). Además, en su selectividad, el evangelista con frecuencia presenta dichos paralelos con terminología diferente para aumentar la efectividad de su presentación. Por ejemplo, Lucas no identifica a los interlocutores en 21.7 mientras que Mateo y Marcos nos informan que son cuatro de los apóstoles. El resultado es que cualquier discípulo, incluso el lector, es quien hace la pregunta.

La clarificación del tema abarcador del discurso es el tercer factor que causa dificultades para el intérprete. ¿Tiene Jesús en mente solamente la caída de Jerusalén y la destrucción del Templo? ¿O tiene en mente un futuro lejano (el *escatón*)? ¿Cuál es la relación entre los dos eventos? Aceptando la estructura literaria del discurso como el orden cronológico de los eventos pronosticados, muchos intérpretes concluyen que los dos eventos son uno y buscan la manera de explicar cómo puede ser esto. La conclusión a que llegan es que la destrucción del Templo en Lucas

21 (y sus paralelos en Mc y Mt) se refiere a un futuro Templo que será edificado en Jerusalén.

Una lectura cuidadosa revela que las preguntas de los interlocutores (21.7b) presupone dos eventos distintos («¿Cuándo será esto?» y «¿Qué señal habrá cuando estas cosas estén por suceder?»), aunque se relacionan de alguna forma. Esta relación provee la solución al dilema del enfoque elusivo.

En realidad Jesús habla de ambos eventos, pero sin decir que la destrucción del Templo inaugura el *escatón*. La destrucción del Templo es un evento escatológico, pero no indica que el *escatón* es inmediato. Empleando palabras temporales como «cerca», «primero», y «antes», Lucas indica la prioridad temporal de la destrucción de Jerusalén y la necesidad de una demora entre esa destrucción y la consumación del Reino. Esta demora es el tiempo proporcionado para proclamar las buenas del Reino y de su advenimiento inminente (el tiempo del «interregno»).

Con esta demora como ayuda interpretativa, notamos la siguiente estructura del discurso y su relación cronológica:

La pregunta de los interlocutores 21.7
Sumario de todo el tiempo 21.8-11
Progreso de los eventos 21.12-36
Persecución y testimonio 21.12-19
El tiempo de los gentiles 21.20-24
La venida del Hijo del Hombre 21.25-28
La necesidad de velar 21.29-36
Conclusión 21.37-38

Esta estructura sugiere que los vv. 8-11 son un resumen, en términos generales, de todo el tiempo desde Jesús hasta el *escatón*. Pasemos entonces al estudio del texto mismo.

Encontrándose el conjunto de discípulos en el Templo, algunos se maravillan al ver las hermosas piedras y las ofrendas votivas que lo adornan. El Templo que tan importante papel juega en el Nuevo Testamento es el Segundo Templo; el primero fue edificado bajo la dirección del Rey Salomón y fue destruido en el año 586/7 a. C. por los babilonios. El Segundo Templo fue construido después del exilio, y en el tiempo de Jesús se encontraba en medio de un inmenso proyecto de renovación comenzado por Herodes el Grande alrededor del año 20 a. C. Ese proyecto no se completó hasta el 63/64. Pocos años después de completar el proyecto de renovación, el

Templo fue destruido por los romanos durante la guerra de los judíos en el año 70.

Lucas hace referencia a las hermosas piedras de mármol blanco, que eran enormes (67 pies de largo, 12 pies de alto y 18 de ancho) y por tanto muy impresionantes. No está claro qué son las «ofrendas votivas», pero parecen ser adornos que se tendían para decorar los atrios del Templo. Jesús responde a la exclamación de la grandeza y la hermosura del Templo con palabras que nos recuerdan a los profetas de antaño: «vendrán días». La frase les advierte a los oyentes que lo que sigue es una predicción de eventos futuros. Aunque el Templo es impresionante en el presente, Jesús advierte que todo será destruido. La magnífica estructura, símbolo de la presencia de Dios en medio de su pueblo y objeto de orgullo nacional, será destruida.

Al comenzar el discurso propio, Jesús provee un resumen que les advierte a los discípulos que estén atentos contra las señales fraudulentas e indica la relación entre la destrucción de la Ciudad Santa y el *escatón*. Estos falsos maestros no solamente vienen en el nombre del Señor, sino que hasta pretenden ser el Mesías. «Yo soy», dicen, y predicen el fin: «el tiempo está cerca». Los fraudulentos maestros contrastan con Jesús, quien vino en humildad, lleno de amor y compasión para todos. Estos vienen llamando la atención hacia sí mismos. El Señor les advierte a los discípulos: no vayáis en pos de ellos.

Jesús habla en términos generales e indefinidos que dicen muy poco del fin: guerras, revoluciones, nación contra nación, etc. Como en el capítulo 17 —casándose y dando en casamiento— estas señales indican que las relaciones entre las naciones siguen como siempre, en conflictos las unas con las otras. Jesús enfatiza que todo esto es necesario como el principio (primero), pero todavía no es el fin. En otras palabras, habrá largo tiempo entre estos rumores, el adviento de falsos maestros y el *escatón*. El terror final (v. 11) viene a consecuencia de grandes terremotos, hambre y pestilencias; pero todos estos acontecimientos son parte del plan divino. Es decir, estos acontecimientos no son solamente terribles, sino que Dios mismo los envía para juzgar la humanidad.

Siguiendo con el tema del fin, Jesús habla de las persecuciones que vendrán sobre sus seguidores. Quien se identifique con Jesús recibirá tratamiento semejante al que él padeció. La espada de división que Jesús trae causa disensión en la sociedad judía y después en el mundo grecorromano. Sin embargo, la persecución es parte del plan de Dios, pues servirá para dar testimonio de Jesús. El proceso de persecución y encarcelamiento proveerá ocasión para proclamar la esperanza que reside en los discípulos. En Hechos los discípulos son llevados ante los líderes religiosos (el Sanedrín, Hch 4) y políticos (el rey y los gobernadores, Hch 23), son encarcelados, y algunos sufren la muerte.

La expectativa de dar testimonio ante una audiencia hostil sugiere la necesidad de estar preparados para responder adecuadamente. En el mundo grecorromano, el tipo de defensa de que aquí se habla requería un orador profesional. Sin embargo, los discípulos no han de actuar como filósofos u oradores itinerantes quienes trazan bien sus discursos y lo practican para máxima efectividad. Arrastrados ante las autoridades, han de confiar, pues Jesús mismo les proveerá palabras y sabiduría que nadie podrá resistir (véase Hch 7).

Jesús les promete más que la habilidad de defenderse con palabras. Aunque la persecución será tan fuerte que algunos de los discípulos morirán a causa de ella, Jesús les promete que «ni un solo cabello de vuestra cabeza perecerá». A primera vista esta frase parece contradecir los hechos. Pero Jesús presupone aquí la diferencia entre la vida en este mundo y la eterna. Es en el sentido de vida eterna que Jesús pronuncia esta promesa. Por más que sufra el discípulo fiel, y aun hasta la muerte, Jesús le dará la fortaleza para resistir sin abandonar su confianza en Jesús. Quien es fiel persevera hasta el fin y jamás perderá su galardón de vida eterna.

Lucas ofrece por fin la respuesta de Jesús a la pregunta original (21.7). Pero las diferencias con los otros sinópticos (Mt y Mc) son importantes. Lucas no dice que la tribulación será la más intensa de la historia; ni sugiere que solo se podrá sobrevivir si el Señor abreviara los días. Tampoco menciona la plegaria de que no sea en invierno, y no menciona la abominación desoladora. Solo Lucas incluye la frase «el tiempo de los gentiles». Estas diferencias indican que Lucas está interesado en enfatizar la destrucción de Jerusalén y no la consumación del Reino, la cual será introducida en el versículo 25. Lucas quiere demostrarles a sus lectores que cuando Jerusalén sea destruida en el año 70, todavía no habrá llegado el fin. No obstante este énfasis, Lucas presenta la destrucción de Jerusalén como ejemplo de cómo será el fin. La calamidad en la ciudad será tan horrorosa que todos querrán salir de la ella en busca de refugio.

La frase «hasta que se cumplan el tiempo de los gentiles» denota dominio por parte de los gentiles y establece esperanza para un futuro después de ese dominio. El plan de salvación seguirá en pie hasta que el evangelio sea predicado a todas las naciones. Después el fin vendrá. Aquí también el futuro de Israel se establece. De una manera u otra el Señor cumplirá su promesa al pueblo judío y todo Israel será salvo (Ro 11.11, 30-32). En la narración del evangelio el pueblo en general rechaza a Jesús. Sus líderes en particular deshonran al Mesías y se hacen cómplices en su muerte. Pero Jesús, y después de él la iglesia, siempre mantuvieron firme la confianza de que el Señor realizará su plan de salvación para su pueblo.

La venida del Hijo del Hombre se anuncia con grandes y potentes señales, incluso cambios cósmicos y gran angustia en la humanidad. Según Daniel, la mano salvífica de Dios se manifiesta a través de una figura (el Hijo del Hombre) que recibe la autoridad del Reino de Dios. La referencia a la nube eleva el concepto del Hijo del Hombre al nivel de deidad, ya que en el Antiguo Testamento las nubes con regularidad acompañan la manifestación de Dios (Ex 14.20; 34.5). Esta venida es con poder y gloria. Cuando estos poderosos eventos tengan lugar, entonces el tiempo de la consumación estará por llegar.

La parábola de la higuera ofrece clarificación. Cuando brotan las hojas es señal del verano que se aproxima. Lo mismo es cierto de las señales indicadas en el discurso. Cuando los discípulos las vean, el fin se acerca. La frase «esta generación no pasará hasta que todo suceda» indica que cuando comiencen las señales del fin (después de la destrucción del Templo y de Jerusalén, que estará ya en el pasado), la generación que esté vigente verá el fin. Jesús afirma la certidumbre de su promesa: el cielo y la Tierra pasarán, pero las palabras de Jesús son para siempre.

Finalmente, encontramos una exhortación a no cargarse de glotonería, embriaguez y preocupaciones de esta vida. Como parte que es de la nueva comunidad de fe, el discípulo fiel persevera hasta el fin.

C. La traición y despedida (22.1-38)

1. Judas hace planes para traicionar a Jesús (22 1-6)

La fiesta de los panes sin levadura se celebraba durante una semana después de la Pascua. Conmemoraba la liberación de Israel de manos de los egipcios, cuando los primogénitos entre los egipcios fallecieron y el ángel de muerte pasó por alto a los israelitas (Ex 12.1; 23.15). Durante la fiesta un gran número de peregrinos judíos visitaba Jerusalén. Como Lucas pinta la situación, aparentemente los principales sacerdotes y los escribas no observan la solemnidad de la fiesta, pues su interés es buscar una oportunidad para matar a Jesús.

En Lucas 4.13, Satanás abandonó sus intentos de destruir la obra de Jesús, esperando un tiempo más oportuno. Ese tiempo llega y la oportunidad se presenta en la persona de Judas Iscariote, uno de los doce. Como parte del grupo de discípulos más cercanos a Jesús, Judas está al tanto de las actividades de Jesús y de dónde reposaría. Hace planes con los líderes civiles y religiosos para entregarles a Jesús a cambio de dinero. Llenos de alegría, llegan a un acuerdo. La alegría de los principales sacerdotes contrasta radicalmente con la agonía de Jesús en el Monte de los Olivos. El escenario está listo para el momento culminante en la misión de Jesús.

2. Preparación para la Pascua (22.7-13)

Al acercarse la hora en la que es necesario sacrificar un cordero como víctima pascual, Jesús designa a Pedro y a Juan para que hagan los preparativos. Esto incluye la selección y sacrificio del cordero, la compra de las hierbas amargas, del vino y otros alimentos, y la preparación del salón que servirá de comedor. En el caso de Jesús y sus discípulos se necesitaba un salón suficientemente amplio para acomodar por lo menos a trece personas. El relato en los evangelios se concentra en la necesidad de preparar el salón, y no en el cordero pascual. Con tantos peregrinos en la ciudad no era fácil conseguir lugar para esta celebración, y hasta ahora Jesús no les ha señalado el lugar a sus discípulos. Aun ahora sus instrucciones no dan información alguna que pueda serle útil al traidor Judas. Jesús, en control de la escena, se asegura de que la Pascua se celebre sin interrupción alguna por parte de quienes quieren eliminarle.

Como en el caso de la entrada a la ciudad, Jesús ha planificado de antemano con uno de sus seguidores el lugar para la celebración.

En 22.1-6, Lucas nos dice que a los adversarios de Jesús, quienes han fracasado repetidamente en sus esfuerzos por silenciarle, al fin se les ofrece una puerta abierta en la persona de Judas Iscariote.

Este pasaje aumenta la tensión en la preparación para la cena pascual. Todo se hace en secreto. Y ahora leemos: «cuando llego la hora...». No cabe duda que la cena pascual que sigue es de suma importancia para la teología lucana y para el cristianismo naciente. En esta cena Jesús ofrecerá la interpretación de su muerte inminente.

3. La última cena (22.14-20)

Desde sus primeros días hasta el presente, la iglesia de Cristo ha celebrado esta cena como el evento interpretativo de la vida, y la muerte, de Jesús. La cena pascual celebrada por Jesús y sus apóstoles tiene su origen en la apresurada cena que ocurrió la noche en que los israelitas partieron de la esclavitud egipcia. Con el tiempo y las numerosas experiencias en el desierto y en la tierra prometida, la cena se transforma en un rito conmemorativo que contiene básicamente los siguientes elementos: con la familia congregada y lista para la cena, el padre de familia pronuncia la bendición sobre la primera copa, que es una copa común. Sigue un plato de hierbas amargas mojadas en salsa. Al prepararse la segunda copa, el hijo menor pregunta por la importancia de esta noche sobre las otras noches. ¿Por qué comemos hierbas amargas? ¿Por qué pan sin levadura? La respuesta del padre relata la historia del éxodo y culmina con una exhortación basada en Deuteronomio 26.5-11. El padre interpreta la cena como un acto conmemorativo y de acción de gracias por la liberación a manos del Señor. La noche celebra la fidelidad de Yahvé con su pueblo y señala la expectativa de una futura liberación de la presente opresión. Al concluir esta exposición, se cantan unos salmos (Salmos 113-114). Después de los cánticos, el padre toma el pan sin levadura, lo bendice, lo parte y lo reparte. Entonces comienza la cena en sí. Se concluía con dos copas más y al final se cantaba un salmo.

El interés de Lucas, como el de los otros evangelistas, no está en conservar datos de la cena pascual en el primer siglo, ni siquiera en presentar a Jesús como un fiel judío, aunque ambos ocurren. Su interés es la transformación de cena pascual para volverse la Cena del Señor (la Eucaristía). Esta transformación ocurre en la reinterpretación de los símbolos por Jesús durante la cena misma.

Jesús expresa su gozo al celebrar con sus discípulos la cena pascual e indica su significado: la cena es una nueva alianza (pacto, testamento) que promete una íntima relación con Dios y acceso al banquete celestial:

el Reino de Dios. Esta alianza, Jesús indica, se llevará a cabo mediante sus sufrimientos. Pero Jesús promete que más allá de la muerte celebrará el banquete de nuevo en el Reino con todos los suyos.

En el transcurso del rito de la cena, los participantes tomaban cuatro copas de vino, cada una con un significado particular. Lucas es el único de los evangelios que menciona la primera copa común («repartidlo entre vosotros»).

Jesús toma los símbolos de la cena pascual y los reinterpreta. Toma pan, da gracias, lo parte y dice: « Esto es mi cuerpo, que por vosotros es dado; haced esto en memoria de mí». Estas palabras, y las que siguen sobre la segunda copa, tienen tres posible interpretaciones y aplicaciones para la Iglesia de hoy.

Algunos afirman que el pan y el vino milagrosamente se convierten en el cuerpo y la sangre de Jesús. Este concepto recibe el nombre de «transubstanciación». Según esta interpretación, cada vez que los creyentes se reúnen y comparten la Cena, literalmente comen el cuerpo y beben la sangre del Señor. La segunda posibilidad, a veces llamada «consubstanciación», sugiere que al celebrar la cena, el Señor Jesús esta realmente presente en los elementos que se ingieren, aunque el pan sigue siendo pan, y el vino sigue siendo vino. Al participar en la Cena, los creyentes experimentan la presencia real de Jesús, quien espiritualmente está presente y por tanto viene a morar en el cuerpo del participante. La mayoría de las iglesias protestantes interpretan las palabras de Jesús, y la Cena misma, como conmemorativas del evento salvífico, análogas a la práctica judía en cuanto a la Pascua. Para estos, la Cena es una manera de experimentar la gracia divina a nuestro favor. Este evento salvífico ve en la muerte de Jesús un sacrificio expiatorio que redime a su pueblo de sus pecados y establece un pacto eterno con Dios. Como ceremonia conmemorativa y de acción de gracias (por tanto su descripción «Eucaristía» del griego «dar gracias»), los cristianos al celebrar la Cena se identifican con la obra redentora de Jesús y se involucran en su misión.

El mandamiento «haced esto en memoria de mí» sugiere que se trata de algo más que un recordatorio. En la antigüedad, la esencia de hacer memoria incluía la idea de incorporar los eventos del pasado al presente. Esto se realiza por medio de la identificación con los antepasados y compromete a un modo de vida que honra la tradición celebrada. Los cristianos al celebrar la Cena del Señor, por tanto, no solamente se acuerdan de lo que él hizo por nosotros, sino que en solidaridad con todos los cristianos se comprometen a la misión de la iglesia.

Después de la cena Jesús toma la segunda copa (la cuarta en la cena Pascual) y declara que es «el nuevo pacto en mi sangre». La nueva alianza se basa en Jeremías 31.31ss, y es un tema central en el Nuevo Testamento (Mt 26.28; Lc 24.49; Hch 2.14-39; Heb 8-10). «Que por vosotros se derrama» denota la muerte violenta que él mismo sufrirá en breve. En la primera alianza la unión entre Dios y su pueblo se representaba con la aspersión con sangre (Ex 24.5-8). La nueva alianza perfecciona esa unión con la sangre del Dios-Hombre.

4. Último discurso (22.21-38)
a. El traidor (22.21-23)

Instituida la cena conmemorativa, Jesús anuncia su traición a manos de uno sus íntimos seguidores. La relación redentora no depende de la proximidad física, ni de cuántas veces nos sentamos a la mesa con el Señor. La nueva relación con Dios se mantiene en fidelidad hasta la muerte.

b. La grandeza en el servicio (22.24-27)

Los discípulos congregados con Jesús disputan entre sí sobre sus respectivos lugares en el Reino. Pensando en el reino en términos meramente humanos, se preguntan quiénes serían más importantes en ese Reino. Apenas Jesús acaba de reinterpretar la cena Pascual e inaugurado la nueva alianza entre Dios y los seres humanos, y ha declarado que ha de entregar su cuerpo y derramar su sangre por ellos, cuando los discípulos comienzan su disputa. En varias ocasiones Jesús ha señalado negativamente la tendencia farisaica de escoger las primeras sillas para así demostrar la importancia propia. Aparentemente los discípulos no captaron bien la enseñanza, pues ahora buscan asientos de importancia en el reino venidero. Jesús aprovecha el momento para enseñarles nuevamente sobre el servicio. En un banquete, la persona más importante se sienta mientras que el de menos importancia le sirve. Sin embargo, los discípulos están sentados a la mesa y, ¡Jesús les sirve! La disputa entre los discípulos se debe a que fijan su vista en lo exterior y observan cómo los reyes de las naciones se comportan. Pero el discípulo ha de seguir el ejemplo de Jesús y no el de los reyes y los pretendidos benefactores. El discípulo ha de servir en vez de buscar quien le sirva.

c. Investidos de autoridad y poder (22.28-30)

No obstante la postura de servicio que ha de dominar en las interacciones cristianas, Jesús declara que él ha designado a los doce como jueces en el Reino de Dios. Ellos se sentarán (el tiempo de servir ha concluido) y juzgarán a las doce tribus de Israel.

d. Jesús anuncia la negación de Pedro (22.31-34)

En palabras que nos recuerdan el ataque de Satanás contra Job (1.7; 2.2), Jesús revela que Satanás desea zarandear a sus discípulos como al trigo. La seriedad del peligro se dirige a Simón Pedro como líder del conjunto. En peligro de ser asaltado por Satanás, Pedro puede descansar en la seguridad de que tiene un intercesor: Jesús. En esta obra intercesora Jesús ruega que la fe de Pedro no falle. Esta oración intercesora no garantiza que Pedro no caerá jamás, sino que cualquier fallo que experimente será temporero, y nunca renunciaría a Jesús totalmente. Por tanto Jesús añade que cuando Pedro haya vuelto (de su falta pasajera) el propio Pedro confirmará a sus hermanos. Este «volver» implica regresar a la fidelidad. Las palabras de Jesús tienen una nota de reconciliación antes del hecho y muestran cómo Dios ofrece perdón total e incondicional.

Confiadamente Pedro le asegura al Maestro que él se mantendrá firme aunque lo encarcelen o, peor, aunque lo maten. Jesús reitera su anuncio: «antes que cante el gallo, tú me negaras tres veces».

e. Espadas y rechazo (22.35-38)

Aparentemente Satanás pide permiso no solamente para acechar a los doce, sino que está decidido zarandear a todos los seguidores de Jesús a través de la historia. Por eso, en el interregno entre la resurrección y la consumación final, los discípulos experimentarán fuerte oposición. En esos momentos, cuando los ataques del enemigo parecen superar su fuerza para resistir, el discípulo debe tener en mente que Jesús intercede por los suyos. Con la seguridad de oposición en días venideros, los discípulos han de tomar pasos para asegurar su futuro. No dependerán más de la benevolencia de otros, sino que llevarán para su sostén (bolsas de dinero) y para su protección (espada).

D. La pasión y muerte de Jesús (22.39–23.56)

El tema del sufrimiento de Jesús como el Justo de Dios domina esta sección. Él muere como la víctima inocente. Aun en la cruz Jesús ministra salvación a quienes claman a él.

1. Oración en Getsemaní (22.39-46)

Tras salir del aposento alto, Jesús y sus apóstoles llegan al Monte de los Olivos, aparentemente uno de sus lugares favoritos cuando están en Jerusalén. Jesús amonesta a sus seguidores sobre la necesidad de la oración para no caer en tentación. Sus palabras son una advertencia de lo que está por delante. Será la hora decisiva en el plan divino, y es seguro que las fuerzas del mal harán todo cuanto esté a su alcance para impedir ese plan. Al enfrentarse a la realidad de una muerte horrorosa y violenta, Jesús se prepara por medio de la oración. En busca de apoyo divino, se aparta de sus discípulos y se arrodilla para orar.

La oración de Jesús se resume en una petición que resume toda su agonía y disposición: «Padre, si quieres, pasa de mí esta copa; pero no se haga mi voluntad, sino la tuya». El pensar en la crucifixión atormenta tanto al Señor que agoniza y busca la posibilidad de otra avenida para realizar la redención de la humanidad. Sus palabras parecen decir: «Señor, ¿no habrá alguna otra manera de llevar tus propósitos aparte de esta cruenta cruz?». No obstante el dolor y la agonía que experimentaría, Jesús prefiere hacer la voluntad de Dios, de modo que si no hay otra alternativa, aceptará esa voluntad. Vemos aquí al Hijo rindiéndose totalmente a la voluntad de Dios: lo más importante de todo es obedecer a Dios Padre y hacer su voluntad. El uso del vocablo «copa» se usa aquí metafóricamente para representar la ira de Dios que el pecado de la humanidad conlleva, y los sufrimientos de Jesús para apaciguar esa ira. El pecado es afrenta contra la voluntad de Dios, violación contra sus preceptos y mandamientos. Esta violación demanda que Dios derrame su ira sobre el pecador. En el sacrificio de Cristo Jesús en la cruz, el Padre derrama toda su ira contra el pecado de todos los seres humanos. Su ira satisfecha, el Padre ofrece perdón incondicional a todas sus hijas y a todos sus hijos. Pero la agonía de esa ira caería sobre aquel cuya vida perfecta lo cualifica para rendir su vida en rescate de todos. Esa es la agonía que de ahora en adelante el Señor sufrirá por todos nosotros.

La oración de Jesús se intensifica de modo que recibe socorro en la presencia de un ángel que le fortalece. El ángel representa la presencia de Dios con Jesús; el Justo de Dios no sufrirá a solas. Aun con el socorro de un ángel, Jesús se angustia tanto que suda como gotas de sangre. El texto no dice que sudó gotas de sangre, sino que sudó como gotas de sangre. El sudor es tan intenso que se agrupa en la piel y cae al piso en enormes gotas, como sangre aglutinada.

Al regresar a sus discípulos, Jesús encuentra que no han vigilado con él en oración. Se durmieron a causa de su tristeza. Finalmente las predicciones de la muerte han traspasado las pretensiones mesiánicas inherentes en sus perspectivas judías. Por fin los discípulos comprenden que Jesús va a morir. Esto cae sobre ellos como un gran peso que los llena de tristeza, agotándoles física y emocionalmente, hasta que se rinden al sueño.

2. Traición y arresto (24.47-53)

En ese momento aparece una turba con Judas al frente. Este ha llegado a un acuerdo con ciertos líderes para entregarles a Jesús. Familiarizado con las prácticas del Maestro, ha seleccionado el Monte de los Olivos por la noche para traicionarle. En la oscuridad del monte es necesario que Judas identifique a Jesús, y la señal convenida es un beso. Al ver la turba con Judas al frente, los otros discípulos no tienen la menor idea de lo que esta ocurriendo, ni siquiera cuando Judas se acerca para saludar a Jesús con un beso. Solamente al oír las palabras de Jesús, «¿con un beso entregas al Hijo del Hombre?» es que comprenden lo que está sucediendo. La reacción de los discípulos es desenvainar sus espadas y defender al Maestro. En la reyerta que sigue el siervo del sumo sacerdote es herido en la oreja derecha, pero Jesús ordena a los suyos no resistir con violencia, y procede entonces a sanar la oreja del siervo.

Jesús declara que la decisión de arrestarle a esa hora y en ese lugar significa que ha llegado la hora de las tinieblas, la hora en la que el mal ejerce su poder. La oscuridad y las tinieblas son lugares donde el mal reina, y es por eso que los líderes religiosos escogen esa hora, que indica su alianza con el mal. Las palabras de Jesús al mismo tiempo insinúan que la hora llega porque él así lo permite.

3. Juicio y negación (22.54-71)
a. Jesús ante el sumo sacerdote (22.54)

Jesús es llevado a la casa del sumo sacerdote donde será interrogado. Pero antes de comenzar la narración del juicio, Lucas cuenta cómo Pedro niega a su Maestro, exactamente como Jesús se lo había anunciado.

b. Pedro niega a Jesús tres veces (22.55-62)

En el patio del sumo sacerdote Pedro rápidamente cede a la tentación y niega a Jesús, pues teme ser ridiculizado o herido físicamente. En un par de horas, Pedro niega: 1) que conoce a Jesús, 2) que es uno de sus seguidores, y 3) que sabe cosa alguna acerca de Jesús. Apenas Pedro declara su tercera negación (en contraste con el par de horas que los versículos 56-59 ocupan) cuando cuatro eventos ocurren en sucesión: 1) el gallo canta, 2) el Señor se da vuelta y mira a Pedro, 3) Pedro se acuerda de la Palabra del Señor, y 4) Pedro sale de la casa y llora amargamente. Al cantar el gallo Jesús se da vuelta para mirar compasivamente a su discípulo. Jesús le había dicho a Pedro que después de su falta, cuando él (Pedro) hubiera vuelto podría confirmar a sus hermanos. Pero vemos ahora que es Jesús quien se da vuelta primero para confirmar a su discípulo. Él es quien busca lo perdido, quien no deja que la flaqueza de sus seguidores les derrote. Jesús actúa aquí como el padre del pródigo que mira con compasión a su hijo aun cuando este está lejos, y corre a él (15.20). La mirada compasiva de Jesús estimula la memoria de Pedro, quien se acuerda de las palabras de Jesús y de su propia negación. Arrepentido, Pedro sale y llora amargamente. Llora porque sabe que ha negado al Señor. Pero sabe que la mirada del Señor le asegura que Jesús no lo niega a él. Su restauración ocurrirá más adelante en 24.12.

c. Jesús escarnecido y azotado (22.63-65)

Bruscamente la escena cambia, centrándose no ya en Pedro, sino en Jesús, quien está bajo guardia. La injusticia del procedimiento legal es obvia inmediatamente. Antes de ser interrogado por los ancianos, los principales sacerdotes y los escribas (22.66) Jesús sufre oprobio en manos de sus guardias. Estos se burlan de él, le golpean y, cubriéndole los ojos, le dicen que muestre que es profeta adivinando quién fue el que le golpeó. A la agonía espiritual y emocional enfrentada en Getsemaní ahora se añaden los insultos verbales y el abuso físico.

d. Jesús condenado ante el Sanedrín (22.66-71)

Jesús es sometido a una serie de juicios. Es difícil, pero no imposible, armonizar las narraciones acerca del juicio de Jesús en los cuatro evangelios canónicos. En todo caso, el espacio disponible no nos permite discutir aquí todos los detalles históricos según se encuentran en los diversos evangelios, y las cuestiones que su misma diversidad plantea.

Sin embargo es necesario resumir en breve la secuencia de los juicios de Jesús y su legalidad. Tomando en cuenta los datos bíblicos y las tradiciones de los rabinos, no cabe duda que el juicio de Jesús no fue legal. 1) Según la Misná Sanedrín 11.2, los procedimientos en un juicio como este deberían tener lugar en los recintos del Templo. Lucas indica que el juicio ocurre en la casa del sumo sacerdote. 2) El juicio de Jesús se llevó a cabo sin testigos en su defensa, mientras que Sanedrín 4.1 estipula que ambos lados de un caso han de oírse. 3) Jesús es acusado de blasfemia, aunque técnicamente no se dice que haya pronunciado el nombre divino, lo cual era requisito para un caso de blasfemia, según se dictamina en Sanedrín 7.5. 4) El veredicto se pronunció en un día, cuando de acuerdo a Sanedrín 4.1 se requerían dos días. 5) Siguiendo los principios establecidos en Sanedrín 5.2, las evidencias mutuamente contradictorias debieron anularse.

Los evangelios nos presentan entonces un juicio que no es legal. Los líderes religiosos buscan un veredicto contra Jesús lo más pronto posible para evitar un insurrección por parte del pueblo.

Aunque es difícil armonizar todos los detalles jurídicos, el consenso entre los eruditos sugiere que Jesús fue sometido a seis interrogaciones.

1. Interrogación investigativa ante Anás: Juan 18.13.
2. Interrogación nocturna ante Caifás: Mateo 26.59-66, Marcos 14.55-64.
3. Interrogación oficial (juicio) al amanecer, por el Sanedrín: Lucas 22.66-71.
4. Primera interrogación por Poncio Pilato: Lucas 23.1-5.
5. Interrogación por Herodes: Lucas 23.6-12.
6. Segunda interrogación por Poncio Pilato y el pueblo: Lucas 23.13-16.

Lucas comienza su relato de los procedimientos con la tercera interrogación, cuando al amanecer el Sanedrín se reúne para deliberar sobre qué hacer con Jesús. Inmediatamente los reunidos le piden a Jesús que declare abiertamente si es el Cristo o no. Su propósito es establecer cargos políticos contra Jesús y así eliminarle. Jesús responde al estilo de la respuesta de Jeremías al rey Sedequías (Jer 38.15). ¿De qué vale responder, si no van a aceptar mi respuesta? Jesús añade que si él decide defenderse («si os pregunto»), ellos (los miembros del Sanedrín) quedarán silenciados (Lc 20.1-8). Usando el Salmo 110 como punto de partida, Jesús continúa su respuesta dándole al Sanedrín razón para llegar a un veredicto. Evitando el uso del término «el Cristo de Dios» usado por los ancianos, Jesús declara que la próxima vez que ellos vean a Jesús será cuando vean «al Hijo del Hombre sentado a la diestra de Dios».

Los ancianos entienden claramente la alusión bíblica, y preguntan «¿eres tú el Hijo de Dios?». La afirmación de Jesús le ofrece al Sanedrín lo que deseaba: por sus propias palabras Jesús se condena. Una vez excluida la posibilidad de que Jesús sea Dios en la carne, el Sanedrín no tiene otra alternativa que la que aquí se presenta. Si Jesús no es el Hijo de Dios, ciertamente sus declaraciones son blasfemia. En tal caso, los ancianos y los principales sacerdotes actúan correctamente al condenarle. Pero Jesús es el Hijo de Dios, y ellos no lo reconocen. Este primer juicio en Lucas concluye con su decisión: no hay necesidad de buscar más testimonio.

4. Juicio ante Poncio Pilato (23.1-5)

Los líderes judíos, con la acusación contra Jesús asegurada, llevan al Maestro ante el gobernador romano, Poncio Pilato. Buscan sentencia de muerte contra Jesús, y solamente el procurador romano tiene autoridad para dictaminar tal condena. Usando el peyorativo «este» los líderes acusan a Jesús de tres cargos. Primero le acusan de pervertir (*diastrepho*) la nación. Esta acusación claramente se basa en la percepción de los líderes. Jesús dice ser enviado por Dios para mostrarle al pueblo el camino de Dios. Al rechazar a Jesús, los líderes están convencidos de que pervierte a la nación. La segunda acusación es que Jesús prohíbe pagar el tributo a César. Esta se basa en una falsedad, ya que Jesús aprobó el dar tributo a César en Lucas 20.25. Con esta acusación quieren presentar a Jesús como una amenaza a la administración pública de Pilato. El tributo proveía las finanzas necesarias para mantener el gobierne en pie. La tercera acusación, «dice que es Rey», es la única que es veraz; pero no de la manera que ellos insinúan en su conversación con Pilato. Jesús declara que él es el Mesías,

179

el Ungido de Dios, como los reyes de antaño. Contando con que Pilato no comprende claramente la sutileza de este título en un ambiente judío, enfatizan la definición de rey y presentan a Jesús como un pretendido rival al César. Junto al falso cargo de prohibir el pago del tributo, el de llamarse rey presenta a Jesús como un revolucionario que amenaza el bienestar de la sociedad.

Este último cargo le interesa más a Pilato, quien le pregunta a Jesús si es en verdad rey. La respuesta de Jesús afirma la acusación, «tú lo dices». Pero lo hace de tal forma que implica que no es el tipo de rey que sería una amenaza para el gobierno. Pilato concluye que Jesús no es amenaza alguna, y por tanto declara: «ningún delito hallo en este hombre». Los judíos argumentan con Pilato sobre la seriedad de los cargos contra Jesús. En su opinión Jesús ha alborotado todo el pueblo desde Galilea hasta Jerusalén.

5. Juicio ante Herodes (23.6-12)

La referencia a Galilea le ofrece a Pilato una oportunidad para esquivar su responsabilidad. A la misma vez le permite solicitar la participación de un oficial judío en este caso que parece estar mas allá de la experiencia de Pilato. La interrogación ante Herodes se conserva solamente en Lucas, y ha sido objeto de mucha especulación histórica. Creemos que el episodio no contradice lo que sabemos de Jerusalén en esos días y del reinado de Herodes. Además en 8.3 Lucas les informa a sus lectores que una de las discípulas del Señor es Juana, la esposa de Chuza, un oficial de Herodes. Es muy probable que la fuente de este episodio haya sido precisamente esta mujer.

Herodes, por su parte, se alegra al ver a Jesús, ya que hace tiempo deseaba verle. Empero su interés está en ver un milagro, una demostración de poder. Herodes desea una exhibición, no un encuentro con el Señor.

Herodes busca entablar conversación con Jesús, pero este mantiene silencio aunque los sacerdotes y los escribas le acusan con vehemencia. Aceptando la validez de las acusaciones, Herodes y sus soldados maltratan a Jesús y se burlan de él al vestirle con ropa del mismo Herodes. Al fin envían a Jesús de vuelta al palacio de Pilato.

6. Sentenciado por Herodes y Barrabás liberado (23.13-25)
a. Se declara la inocencia de Jesús (23.13-16)

En sus esfuerzos de hacer justicia, Pilato congrega los tres grupos que representan la nación judía: los principales sacerdotes (líderes religiosos), los gobernantes (líderes políticos) y el pueblo. Esta asamblea decidirá qué hacer con Jesús. Entonces Pilato declara por segunda vez que no ha «hallado en él delito alguno de aquellos de que lo acusáis». Los líderes trajeron tres cargos contra Jesús; Pilato no ha hallado uno que sea digno de muerte. Pilato decide que va a librar a Jesús, pero antes le castigará (quizás con la doble intención de satisfacer el deseo de los líderes al herir a Jesús y de desalentar cualquier idea revolucionaria que este tenga).

b. La multitud pide la muerte de Jesús (23.17-23)

Ante la posibilidad de perder su oportunidad de silenciar a Jesús, la multitud (aquí la palabra incluye a todos los que han sido convocados, esto es, los principales sacerdotes, los gobernantes y el pueblo) grita y demanda que se suelte a Barrabás, quien está en la cárcel por rebelión y homicidio. Otra vez Pilato trata de soltar a Jesús, y nuevamente la multitud grita. Esta segunda vez la multitud declara que Jesús es digno de crucifixión. Por tercera vez Pilato declara la inocencia de Jesús y sus planes de soltarle después de castigarle. Pero la voz de la multitud prevalece, insistiendo en que Jesús sea crucificado. Pilato se da por vencido, pero no antes de declarar tres veces que Jesús es inocente. Lucas deja claro que la sentencia que se llevará a cabo es una injusticia, que Jesús muere como inocente. El episodio sobre la liberación de Barrabás nos presenta a Jesús, el justo inocente, que muere por el pecador.

c. Jesús condenado a muerte (23.24-25)

Pilato cede a la presión de la multitud, suelta a Barrabás y entrega a Jesús a la voluntad de ellos.

7. La crucifixión (23.26-49)
a. Camino al Gólgota (23.26-32)

Con la sentencia declarada la escena pasa del juicio a la ejecución. La crucifixión era una forma de ejecución muy cruel reservada para quienes las autoridades consideraban los peores criminales. Se empleaba para poner en espectáculo el poder del estado sobre los insurrectos y así prevenir futuras insurrecciones. Normalmente el sentenciado cargaba el elemento transversal de la cruz, sobre el cual sería clavado o colgado. En esta ocasión Jesús está tan agotado, tras ser atormentado físicamente en dos ocasiones y sin haber descansado toda la noche, que las autoridades reclutan a un tal Simón de Cirene (una ciudad en África de Norte) para que cargue la cruz de Jesús. Marcos hace referencia a los hijos de Simón, dando a entender que son conocidos en la comunidad cristiana que ha de utilizar su Evangelio. Simón toma la cruz y va en pos de Jesús. Simboliza al fiel discípulo que responde al llamado, según Lucas 14.27.

La procesión continúa hacia las afueras de la ciudad y atrae a una multitud del pueblo, entre ellos algunos discípulos, así como a los acusadores, y los curiosos. Entre la multitud hay mujeres que lloran y se lamentan por Jesús. Lucas insinúa que la multitud se acerca para observar la exhibición del poder romano y el sufrimiento de uno que ha sido injustamente sentenciado a ser crucificado. Las mujeres presentan un contraste con la multitud, pues lamentan y lloran por Jesús. Reaccionan con compasión y se conmueven ante el sufrimiento del sentenciado. Como fieles discípulas, tienen compasión al ver la desastrosa condición y la desgracia que han caído sobre Jesús.

Al notar el lamento de las mujeres, Jesús se vuelve hacia ellas y declara que mejor sería que se lamentasen por ellas mismas y por sus hijos e hijas. Con estas palabras Jesús afirma que la crucifixión no será la nota final de su vida e insinúa que habrá dolor para los judíos en días futuros. La ruina de la nación será tan terrible que las circunstancias que normalmente resultan en bendición o en maldición se trastocarán. Los vivos desearán la muerte. Jesús ofrece un dicho proverbial como explicación de sus palabras. Si esto (el rechazo y la crucifixión) hacen con quien tiene vida en sí (el árbol verde), ¿qué se hará con aquel que no tiene vida? Si Jesús el justo sufre esta terrible muerte, ¿cuál será la sentencia de los impenitentes cuando llegue la hora del juicio final?

b. Crucifixión (23.33-43)

Llegan al lugar de ejecución. Lucas no da el nombre del lugar, sino que solamente usa la palabra descriptiva «la Calavera», que le ha dado origen al nombre que se le da ahora, «Calvario». Allí crucifican a Jesús con dos malhechores, uno a cada lado. Lucas usa el vocablo *kakourgoi* (malhechores) en vez del término más común, «ladrones», que usan los otros evangelios sinópticos. Con esto ofrece un poderoso contraste entre estos dos que han hecho mal y el justo que ya ha sido declarado inocente.

Apenas le crucifican cuando Jesús intercede por quienes lo sentenciaron y lo ejecutan: «Padre perdónalos porque no saben lo que hacen». Jesús no muestra rencor hacia quienes se han hecho sus enemigos, sino que muestra amor y compasión. Al decir «no saben lo que hacen», no está diciendo que no saben que ejecutan a un justo. La ignorancia que Jesús les atribuye no es una falta de conocimiento, sino un juicio erróneo acerca de lo que Dios esta haciendo en Jesús. Más tarde, en Hechos, los apóstoles usarán este tema de la ignorancia para llamar al pueblo al arrepentimiento (Hch 2.38; 3.19; 13.38; 17.30). En contraste con las palabras de perdón ofrecidas por Jesús, el pueblo congregado a los pies de la cruz se burla de él. Primero los gobernantes se burlan. Reconocen que Jesús salvó a otros y ahora burlonamente le lanzan el título de Cristo y Escogido de Dios a Jesús: ¡que se salve a sí mismo! Después los soldados le escarnecen y le insultan con otro título: Rey de los judíos. El insulto de los soldados se basa en el letrero que Pilato puso sobre la cruz: «Este es el Rey de los judíos». Todos carecen de compasión. Prefieren añadir burlas, insultos y palabras injuriosas al sufrimiento físico que el crucificado está padeciendo.

Aun en la agonía de la cruz Jesús ofrece consuelo a uno de los que sufren con él. Al principio de la ejecución los dos malhechores insultan al Señor, pero después uno de ellos se arrepiente de sus palabras y de sus crímenes. Todavía el otro lanza sus insultos desde su propia cruz diciendo: «si eres el Cristo sálvate a ti mismo y sálvanos a nosotros también». No muestra confianza alguna. Sus palabras en realidad dicen: «si tú eres el Cristo (y yo dudo que lo seas, pues no estarías en este lugar crucificado con nosotros) entonces sálvanos». El otro malhechor reprende al primero. Declara que ellos padecen con justicia, o sea justamente, y que reciben lo que sus acciones merecen, mientras que Jesús sufre como inocente. No hay duda de que al enfrentarse a la muerte este se arrepiente de una vida de injusticia y ofensas contra Dios. ¡Cuánto quisiera este hombre cambiar su manera de vivir! Pero esta a punto de morir. En cambio, añade el malhechor, Jesús no ha hecho cosa inapropiada (*atopos*, literalmente fuera de lugar) y por tanto es inocente. Esta es la segunda persona en la narración de Lucas que declara la inocencia de Jesús.

Este malhechor hace una plegaria para concluir su vida terrenal: «Acuérdate de mí cuando vengas en tu reino». Esta plegaria es una confesión mesiánica. Quien la hace no espera que Jesús en ese instante le libre de la muerte, sino que espera estar con él cuando venga la consumación del Reino. Pero esto será solamente si Jesús se acuerda de él. En esta escena nuevamente notamos el uso del espacio en Lucas. La cercanía física a Jesús no garantiza la entrada al Reino. Aun cuando sufren la crucifixión juntos, hay una gran distancia entre estos dos malhechores. Jesús le asegura al arrepentido que ese mismo día estará en el paraíso. Al perecer el cuerpo, el alma regresa a Dios el Creador. Con esa certeza en sus corazones miles de mártires se enfrentarían después a lo peor que este mundo puede ofrecer.

c. La muerte de Jesús (23.44-49)

A la sexta hora, el mediodía, el círculo de testigos se expande para incluir el cosmos y el judaísmo oficial. En el Antiguo Testamento, el descenso de oscuridad y la falla del sol indican que la hora del juicio ha llegado (Am 8.9; Joel 2.30-31; Sof 1.15). Su asociación aquí con la crucifixión significa que la muerte de Jesús es un acto significativo de juicio. El día de juicio ha llegado (pero el día del Señor será consumado en el futuro). La crucifixión es el sacrificio expiatorio por el pecado de toda la humanidad. En la cruz del calvario Dios juzga todo pecado. Juzgada ya toda acción, el ser humano tiene la oferta del perdón por la gracia de Dios en Cristo Jesús. Por tanto Pablo interpreta este evento de la siguiente manera: «Porque la paga del pecado es muerte; pero el don de Dios es vida eterna en Cristo Jesús, Señor nuestro» (Rom 6.23).

Otra señal añade al significado del evento: el velo del Templo se rasgó por el medio. El Templo, lo esencial del judaísmo, se incluye en este acto de juicio. El Templo consistía de varios departamentos que a los se permitía o no el acceso según la etnicidad (judío o gentil), el sexo (hombre o mujer), y el status social (sumo sacerdote o no) de cada cual. El velo formaba una barrera física que mostraba estas restricciones de manera visible, y traía a la mente la separación entre Dios y los seres humanos. Pero ahora la barrera queda destruida y todos tenemos acceso al trono de la gracia.

Jesús muere con un grito de confianza en los labios. La íntima y única relación que Jesús tiene con Dios supera todo el trauma de la crucifixión, pues clama «Padre». Las últimas palabras que Lucas pone en labios de Jesús en la cruz proceden del Salmo 31.5, un cántico que expresa la confianza que el justo tiene en Dios su protector. Las palabras de Jesús expresan confianza total en Dios, quien cuidará de su vida. Estas palabras confirman la esperanza en la resurrección. Jesús muere como justo, pero confía en que Dios no permitirá que su Santo vea corrupción (Sal 16.10). Con esta expresión de confianza total Jesús muere.

Pero el relato continúa con tres testimonios sobre lo que ha ocurrido. Primero, el centurión, el encargado de llevar a cabo la ejecución, declara su opinión: «verdaderamente este hombre era justo». Por tercera vez en la narración lucana, Jesús es declarado justo. Segundo, el capricho de la multitud continúa su vaivén. Jesús muere y la multitud regresa a la ciudad golpeándose el pecho y lamentando la muerte. Pocas horas antes clamaron por su muerte. Ahora se avergüenzan de lo que han hecho. Tercero, un grupo de discípulas que acompañaron a Jesús desde Galilea hasta la crucifixión observan todo lo que acontece.

8. Jesús sepultado (23.50-56)

Al acercarse el día de la preparación, es decir, llegando el sábado, un discípulo de Jesús, José de Arimatea, pide el cuerpo de Jesús y lo coloca en un sepulcro abierto en una peña. Las mujeres que seguían a Jesús preparan especias aromáticas y ungüentos para ungir el cuerpo. Pero como ya es muy tarde esperarán hasta el domingo por la mañana. ¡Y qué sorpresa les espera!

E. Resurrección y ascensión de Jesús (24.1-53)

1. La resurrección (24.1-12)

El primer día de la semana, habiendo preparado las especias aromáticas, las mujeres regresan al sepulcro con la intención de completar el entierro. No obstante las predicciones de Jesús sobre su rechazo, muerte y resurrección, el grupo de mujeres que se acerca al huerto del sepulcro va sumido en melancolía debido a su pérdida. Esperan encontrar el cuerpo muerto y frío de su amado Maestro. No pueden imaginar una escena diferente. Llegando al lugar, encuentran removida la piedra que impedía la entrada a la tumba en la peña. La piedra removida es una invitación que no van a resistir: entran y encuentran ¡la tumba vacía!

Atónitas y perplejas ante la tumba vacía, las sorprendidas mujeres descubren a dos seres resplandecientes (ángeles) junto a ellas. La perplejidad cede al temor y bajan las cabezas en sumisión. Presienten que algo importante ha ocurrido; pero todavía no saben qué es. Los ángeles reprenden a las mujeres al decirles que no deben buscar entre los muertos a uno que vive. Les anuncian que Jesús ha resucitado: «¿Por qué entonces lo buscáis en el sepulcro?». La reprensión se debe a que ellas, y los discípulos ausentes, debieron recordar las predicciones que Jesús hizo acerca de su recepción en Jerusalén. Todo lo ocurrido va cumpliendo el plan divino (*dei*, es necesario). Básicamente la obra del discípulo es recordar a su Señor en todo momento. Con la vida, las palabras y la obra expiatoria de Jesús en mente, el discípulo le sigue. Por eso Pablo escribe: «Acuérdate de Jesucristo, resucitado de entre los muertos» (2 Ti 2.8).

La tumba vacía y las palabras de los ángeles estimulan la memoria de las mujeres, y por fin se acuerdan de las palabras de Jesús. Regresan a la ciudad anunciándoles la resurrección a todos, inclusive a los once apóstoles. Pero ellos opinan que María Magdalena, Juana, María y las demás mujeres se engañan. Por tanto no creen el mensaje de la resurrección.

Aunque Pedro también duda de las palabras de las mujeres, corre al sepulcro para ver por sí mismo. Al llegar ve la tumba vacía y los lienzos solos. Regresa asombrado por lo que ha ocurrido.

2. Camino a Emaús (24.13-35)

Más luego dos discípulos que caminan hacia Emaús discuten entre sí todo lo acontecido en ese mismo día. Con esta referencia a «todas aquellas cosas que habían acontecido», Lucas nos informa que está consciente de otros episodios de la resurrección que no menciona en su evangelio. Los cuatro evangelios canónicos concuerdan en que los discípulos de Jesús, particularmente las discípulas, encontraron la tumba vacía el domingo por la mañana, y en que Jesús resucitado se apareció a varios discípulos (tanto mujeres como hombres). Pero los evangelios no narran los mismos episodios de apariciones. Aunque difieren en los episodios narrados, los evangelios no se contradicen entre sí. Lucas hace referencia aquí a esos relatos que ha decidido no incluir en su obra. La historia que sigue servirá como paradigma del discipulado (jornada desde la incredulidad a la fe, de corazones tardos por las dudas a corazones que arden de fe y esperanza) y por eso Lucas escoge esta historia, y no otras.

En el camino, estos dos discípulos de nombre desconocido se encuentran con Jesús mismo sin reconocerle. ¿Por qué no le reconocen? Porque sus ojos están velados; en otras palabras, porque Dios no les había abierto los ojos del entendimiento. El discípulo verá a Jesús cuando Dios, el Espíritu Santo, le abra los ojos para ver. Entrando en conversación con ellos, Jesús les pide una explicación del porqué de su tristeza. En pocas palabras ellos le cuentan la historia de Jesús, afirmando que era un profeta poderoso en obras y palabras, quien al final fue crucificado en Jerusalén, apenas tres días antes. Confiesan estos discípulos las esperanzas que tenían, pero que ya perdieron: «esperábamos que él fuera el que había de redimir a Israel». Concluyen con el asombroso relato de unas mujeres que anunciaron que Jesús está vivo y el testimonio de algunos otros de que la tumba está vacía. Jesús les reprende por no creer a los profetas. Haciéndose eco de las palabras del ángel en el versículo 7, el Resucitado confirma el plan divino («es necesario») en forma de una pregunta de la que espera una respuesta afirmativa: «¿No era necesario que el Cristo padeciera estas cosas y que entrara en su gloria?». Rápidamente Jesús les presenta un vistazo de las profecías del Antiguo Testamento acerca de lo que ha de ocurrir con el Mesías. Al escuchar esta narración los dos discípulos sienten que sus corazones arden con fe y esperanza (24.32).

Concluida la reseña histórica, Jesús es invitado a cenar con los dos discípulos. Sentados a la mesa, Jesús toma el pan, lo bendice, lo parte y lo reparte. Al instante los ojos de los discípulos son abiertos y le reconocen. Quizás la manera en que Jesús bendecía, partía y repartía el pan era muy suya, y ahora estimula la memoria de ellos. Ya reconocido, Jesús desaparece. Los discípulos regresan a Jerusalén. Pero ahora sus corazones no están tristes, sino que arden con el fuego de la fe. Al llegar a la ciudad, encuentran a los discípulos, quienes declaran: «Ha resucitado el Señor verdaderamente, y ha aparecido a Simón». Ese evento no se narra en Lucas, pero parece que Lucas confía en que sus lectores conocen el episodio.

3. Comisión y ascensión (24.36-53)

Están los dos discípulos concluyendo su informe cuando Jesús aparece en medio de ellos pronunciando paz. Su aparición repentina causa espanto y gran temor, turbando sus pensamientos. Los discípulos no saben qué pensar. «¿Será este un espíritu y no el Señor resucitado?». Para aliviar su espanto y ayudarles a creer, Jesús les invita a observar y a tocar su cuerpo y sus heridas. Todavía el gozo mismo les hace dudar que sea Jesús resucitado y no un espíritu sin cuerpo, y en respuesta Jesús les da una señal más al comer delante de ellos. Con este relato Lucas quiere dejar como innegable la certeza de la resurrección. La resurrección es una resurrección corporal, no simplemente espiritual, como algunos afirman. Y la esperanza de la fe cristiana es que así como Jesús resucitó de entre los muertos, así mismo resucitarán todos los que mueren en él.

Jesús les recuerda sus discípulos sus enseñanzas acerca del plan divino, y entonces ellos comprenden el mensaje de las Escrituras. Con el entendimiento abierto, ahora se les comisiona para predicar en el nombre de Jesús el arrepentimiento y el perdón de pecados en todas las naciones, comenzando desde Jerusalén.

Antes de ascender al Padre, Jesús promete a los suyos que enviará la promesa del Padre (el Espíritu Santo) para que sean llenos de poder para la obra que tienen por delante. Amonestándoles para que se queden en Jerusalén, Jesús sale a las afueras de la ciudad. Después de bendecir a sus discípulos es llevado al cielo. Sus discípulos le adoran y regresan a Jerusalén llenos de gozo.

El evangelio concluye contando cómo nueva comunidad de fe, el nuevo Israel de Dios, participa diariamente en las actividades del Templo, alabando y bendiciendo a Dios.

Bibliografía selecta

Bovon, François. *El Evangelio según San Lucas I* (Lc 1,1-9,50), (Salamanca: Ediciones Sígueme, 2005).

Bovon, François. *El Evangelio según San Lucas II* (9,51-14,35), (Salamanca: Ediciones Sígueme, 2002).

Bovon, François. *El Evangelio según San Lucas III* (15,1-19,27), (Salamanca: Ediciones Sígueme, 2004).

Brown, Raymond E. *El nacimiento del Mesías: Comentario a los relatos de la infancia,* (Madrid: Ediciones Cristiandad, 1982).

Brown, Raymond E., Joseph A. Fitzmyer y Roland Murphy, (editores), Comentario Bíblico San Jerónimo. *Tomo III,* (Madrid: Ediciones Cristiandad,1972).

Dodd, C.H. *Las parábolas del Reino,* (Madrid: Cristiandad, 2001).

Fitzmyer, Joseph A. *El Evangelio según San Lucas.* I. Introducción General (Madrid: Ediciones Cristiandad, 1986).

Fitzmyer, Joseph A. *El Evangelio según San Lucas II.* Comentarios a los capítulos 1 al 9,50 (Madrid: Ediciones Cristiandad, 1986).

Fitzmyer, Joseph A. *El Evangelio según San Lucas III.* Comentarios a los capítulos 9,51 al 19,27 (Madrid: Ediciones Cristiandad, 1986).

Fitzmyer, Joseph A. *El Evangelio según San Lucas, IV.* Comentarios a los capítulos 19,28 al 24,53 (Madrid: Ediciones Cristiandad, 1986).

Hendriksen, William. *El Evangelio según San Lucas* (Grand Rapids, Mich.: Libros Desafío,1990).

Kodell, Jerome. *El Evangelio de San Lucas* (Collegeville, Minn.: Liturgical Press, 1995).

Mateos, J. *Los «Doce» y otros seguidores de Jesús en el Evangelio de Marcos* (Madrid: Ediciones Cristiandad, 1982).

Mateos, J. y Camacho, F. *El Evangelio de Mateo*. Lectura comentada, (Madrid: Ediciones Cristiandad, 1981).

Pronzato, Alesssandro. *Las Parábolas de Jesús en el Evangelio de Lucas* (Salamanca: Ediciones Sígueme, 2003).